JN069808

出題傾向と模範解答でよくわかる!

教員採用試験のための論作文術

【改訂版】

つちや書店

まえがき

この本は、これから教員採用試験を受けるみなさんが、小論文試験対策を効率よくマスターすることを目指してつくられたものです。小論文試験は受験者の教養や内面的資質などを問うもので、一朝一夕で習得することは難しいとされています。それを「これ1冊」で完結できるよう、本書には次のような工夫が凝らされています。

まず第一に、過去の小論文試験で出題された問題を徹底的に分析し、よく出るテーマを絞り込みました。それを第5章と第6章で扱い、模範解答を提示しています。これらのテーマは頻出ですから、試験本番でも出題される可能性があります。第5章と第6章を予想問題と考え、与えられたテーマについてどんな内容をどのように展開すればよいのか、頭に入れておきましょう。

次に、本書はみなさんが少しずつ着実に小論文試験対策をマスターしていただけるような構成になっています。第1章と第2章では、教員の小論文試験がどのようなものであるかを示し、第3章と第4章では、小論文を実際に書くための下準備を展開しています。そのうえで、第5章と第6章では、過去問をもとにした予想問題24題を例題として、解答例を導き出しています。スモール・ステップで一つひとつ階段を上がっていく章立てになっていますから、ぜひとも最後の第6章まで到達していただきたいと思います。

本書のもう一つの特徴として、第5章では「良い例」と「悪い例」の二つを並べ、「悪い例」のどこが悪いのか、それを改善するとどうなるのかをわかりやすく示しています。これにより、小論文試験において避けたほうがよいこと、評価の対象となることの基準がはっきりしてきます。本書を1冊読破すれば、試験本番で高得点をねらう自信がつくことを確信しています。

みなさんのご健闘をお祈りしています。

つちや書店編集部

出題傾向と
模範解答で
よくわかる！

教員採用試験のための論作文術　改訂版

CONTENTS

第3章 できる小論文とは？

CONTENTS

CONTENTS

第6章 実践問題

第1章

教員採用試験の概要

- 教員になるためには
- 教員採用試験
- 教員採用試験の日程
- 教員採用試験の内容

本章では、教員採用試験の全体像を明らかにし、その中で小論文試験がどのように位置づけられているのかを示します。

第1章　教員採用試験の概要

1．教員になるためには

教員になるためには、次のような学校の種類ごとに、都道府県教育委員会から授与される教育職員免許状（教員免許状）を取得しなければなりません。

①幼稚園　②小学校　③中学校　④高等学校　⑤特別支援学校
⑥養護教諭（校種区分なし）　⑦栄養教諭（校種区分なし）

中学校または高等学校の教員は、学校の種類及び教科ごとの教員免許状が必要です。また、義務教育学校の教員は、小学校と中学校の両方の教員免許状が、中等教育学校の教員は、中学校と高等学校の両方の教員免許状が必要となります。

盲・聾・養護学校等、特別支援学校の教員は、特別支援学校と特別支援学校の各部（幼・小・中・高校）に相当する学校種の両方の教員免許状が必要となり、児童の養護をつかさどる教員、児童の栄養の指導及び管理をつかさどる教員は、それぞれ、養護教諭（養護助教諭）と栄養教諭の免許状が必要です。

２．教員免許状の種類

教員免許状には「普通免許状」「特別免許状」「臨時免許状」の三種類があり、申請により、各都道府県教育委員会から授与されます。

「普通免許状」はさらに、免許取得者の学歴等に応じて、「専修免許状」「一種免許状」「二種免許状」に区分されます（次頁表参照）。ただし、職務上の差異はありません。

また、免許状の例外として、次のような制度もあります。

●特別非常勤講師制度

多様な専門的知識・経験を有する人材を教科の学習に迎え入れることにより、学校教育の多様化への対応や活性化を図ることを目的とした制度です。

教員免許状を有しない非常勤講師が、教科の一部を担任することができますが、任命・雇用する者が、あらかじめ都道府県教育委員会に届出をすることが必要となります。

●免許外教科担任制度

中学校、高等学校等において、相当の免許状を所有する者を教科担任として採用することができない場合に、校内の他の教科の教員免許状を所有する教諭等が、一年に限り、免許外の教科の担任をすることができる制度で、校長及び教諭等が、都道府県教育委員会に申請し、許可を得ることが必要です。

免許の種類		基礎資格	取得方法	有効期間	職階
普通免許状	専修免許状	**修士**	大学の学部に設けられる教職課程、文部科学大臣が指定する教員養成機関等で必要な教育を受けるか、教員資格認定試験または教育職員検定の合格によって取得が可能です。日本全国の学校で有効です。	※令和4年7月1日から教員免許の制度が変わり、免許更新制が解消され、有効期間がなくなりました	教諭
	一種免許状	**学士**			
	二種免許状	**短期大学士**			
特別免許状			担当教科の専門的な知識・経験・技能がある社会人経験者等で、採用先の推薦を受けたうえで、教育職員検定に合格すると授与されます。授与された都道府県の学校でのみ有効です。		教諭
臨時免許状			普通免許状取得者を採用できない場合に限って実施される都道府県教育委員会の教育職員検定に合格すると授与されます。授与された都道府県の学校でのみ有効です。	3年 ※都道府県が教育委員会規則を定めることにより6年可	助教諭

3. 教員採用試験

教員免許状を取得したら、次は教員採用試験に臨みます。受験に際しては教員免許状を持っていることが条件ですが、大学在学中であっても、免許状取得の見込証明書がある場合や、大学三年生でも受験が可能になりました。

また、教員採用試験の年齢制限に関しては、少人数指導の導入等による教員不足もあり、年々緩和され、引き上げられている傾向にあります。上限年齢は各都道府県や市によって違い、過去に教員免許を取得した人や非常勤講師から正規雇用になることも可能なので、受験希望者はぜひ確認をしてみてください。

ただ、ここで注意しておきたいのが、教員採用試験に合格しても、必ずしも教員としてすぐに採用されるわけではないということです。教員採用試験は、正式には「公立学校教員採用候補者選考試験」といい、都道府県または政令指定都市の教育委員会が公立学校の教員を採用するための「採用候補者名簿」を作成するためのものです。名簿への登載期間である一年間の間に欠員が出れば採用される仕組みになっています。

この「採用候補者名簿」は、ランク分けを行っていない都道府県もありますが、たいていの場合、試験の結果によって「内定」と「採用候補」の二段階、もしくは「内定」と「採用候補」と「補欠」の三段階にランク分けされ、上位の登載者から採用が決定することになっています。

4．教員採用試験の日程

教員採用試験は、都道府県や政令指定都市ごとに実施されます。試験日程が異なれば、他との併願も可能です。

まずは、各教育委員会が配布する募集要項を入手します。募集要項の記載に従って、願書、卒業証明書（または卒業見込証明書）、教員免許状（または教員免許取得見込証明書）の写し、健康診断書等、必要書類を整え、各教育委員会に提出します。

試験から採用までの流れは、次のようになっています。※参考・令和4年度

①募集要項の配布（3～5月）…志望する自治体の教育委員会で入手します。
②願書の受付（3～6月）…募集要項に記載された必要書類を提出します。
③受験票の交付（4～7月）
↓
④一次試験（6～7月）…筆記試験が主。試験期間が長期に渡る場合もあります。
⑤一次試験合格発表（7～8月）
⑥二次試験（8～9月）…面接試験や論作文試験、実技試験等が主。
⑦最終合格発表（9～10月）　※三次試験がある自治体もあります
↓
「採用候補者名簿」に登載

⑧　最終面談・採用内定（翌年1～3月）※採用前に研修を行う自治体もあります
↓
採用へ

なお、令和5年5月31日，文部科学省は、質の高い教員を確保するために教員採用試験の早期化や試験の複数回実施の方向性を示し、令和6年度の公立学校教員採用試験では、6月16日を一次試験の「標準日」に設定すると明記しました。今後も日程の前倒し等の変更があるかもしれませんので、各自治体の募集要項を確認してください。

5．教員採用試験の内容

次に、試験の内容について見ていきましょう。

教員採用試験の多くで、一次試験と二次試験が行われ、地方自治体によっては三次試験が行われるところもあります。※令和5年度は大阪府と大分県が実施

各都道府県によって、一次試験と二次試験に行われる試験の内容は異なりますが、一次試験では、一般教養や教職教養、専門教養等の筆記試験（マークシート式あるいは記述式）が行われることが多く、二次試験では、模擬授業や面接試験が課されるのが一般的なパターンといえるでしょう。

論作文試験は主に二次試験で行われます。教員採用試験における論作文は比重が大きく、

面接とともに、受験者の人間性の豊かさの重要な判定材料と考えられています。

●筆記試験

一般教養	人文科学分野・社会科学分野・自然科学分野・時事問題・地域ニュース等についての基礎的な知識及び高校レベルの学科試験が出題されます。
教職教養	教育原理・教育法規・教育心理・教育史・教育時事等の分野に関する基礎的な知識が問われます。
専門教養	受験する教科の専門知識が問われます。

●論作文試験

教育観や教師観、また、実践的な指導方法など、個人の考えや価値観等が問われます。字数は六〇〇〜一〇〇〇字、制限時間は30〜90分ほどです。教員としての適性を見るため、論作文試験を重視する傾向はますます高くなっています。

●面接試験

一次試験で課される場合は集団面接、二次試験で課される場合は個人面接の形態で実施されることが多く、面接試験の一環として、集団討論や集団活動、模擬授業が行われることもあります。論作文試験同様、重視する傾向が高くなっており、一次と二次の二回に渡って実施されることも多くなってきています。

●実技試験

校種や教科によって、ピアノ、デッサン、水泳、英語、調理、パソコン等の実技を行います。

このほか、クレペリン検査やＹＧ性格検査等、教員に求められる特性に関する適性検査や、各地方自治体独自の試験が課されることがあります。受験する都道府県や政令指定都市の過去の試験でどのような試験が課されたのかを、事前に調べておくようにしましょう。

第2章

過去問分析

- 小論文試験の出題内容
- パターン1 共通のテーマで小論文試験が課される場合
- パターン2 学校種別・職種ごとに小論文試験が課される場合
- パターン3 社会人経験者等に限定して小論文試験が課される場合

本章では、これまで実際に出題された問題を分析し、小論文試験の傾向と対策を探っていきます。

第2章　過去問分析

1．小論文試験の出題内容

教員採用試験で課される小論文試験は、どのようなものなのでしょうか。

まずは、小論文試験の時間と字数を確認しておきましょう。

・試験時間　三十～九十分
・字数　六〇〇～一〇〇〇字

八〇〇字を六十分で書く、というのが小論文の試験としては一般的ですが、教員採用試験の場合、六〇〇字を30分で書く、一〇〇〇字を90分で書くというように、いろいろなパターンがあります。

次に、具体的にどのようなテーマが出題されているか、見てみましょう。

与えられるテーマは各都道府県によって異なります。したがって、試験の対策を講じるにあたっては、受験する各都道府県の教員採用試験において、過去にどんなテーマが出題されたのかを分析し、その傾向を把握することが最初の課題となってきます。

本章では、教員採用試験で実際に出題された小論文試験の過去問をひもとき、その傾向と対策を論じていきます。

教員採用試験の小論文試験は、各都道府県によって異なるものの、次のようなパターンに分けて考えることが可能です。

パターン1　共通のテーマで小論文試験が課される場合
パターン2　幼・小・中・高等学校等種別・職種ごとに小論文試験が課される場合
パターン3　社会人経験者等の特別選考に限定して小論文試験が課される場合

続いて、三つそれぞれのパターンでどのようなテーマが出題されていたのかを詳しく見ていきましょう。

パターン1　共通のテーマで小論文試験が課される場合

共通のテーマで小論文試験が課される場合、大きく次の三つに分類されます。

1．個人的な事柄に関する出題 → 【分類1】
2．時事的な事柄に関する出題 → 【分類2】
3．専門的な事柄に関する出題 → 【分類3】
- ①教師観
- ②教育論・教育問題
- ③生徒指導・学習指導

これまでの教員採用試験では、次のようなテーマが出題されています。

【分類1】 個人的な事柄に関する出題

・あなたのこれまでの経験で、壁にぶつかったとき、自らの努力や工夫により課題を解決した経験を教員としてどう活かすかを述べよ。［島根県］
・「生きがい」について述べよ。［香川県］
・自らの体験を含めて、「自ら学ぶ」ことについて述べよ。［高知県］

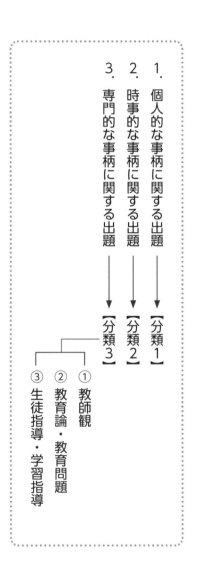

傾向

出題されたテーマの例を見てもわかるように、「あなたの……」「自らの……」という、受験者個人の考えや生き方等を問われるものが多く、「生きがい」等の抽象的なことについて問われるのも、この【分類1】の特徴です。受験者の人となり、基本的な考え方を知ることを意図した出題です。

対策

まずは、自己分析をすることが必要です。自分のこれまでの人生や信条、考え方について深く掘り下げて自分自身について理解しておけば、試験の際にあわてることなく取り組むことができます。

次のような項目を立てて考えると、整理しやすいでしょう。

- 自分の長所・短所
- 自分の性格
- 他人に誇れること（特技）
- 信条としていること（好きな言葉）
- これまでに最も感動したこと

二次試験では面接試験も多く行われますから、右に挙げたようなことについて、事前に自己分析を行っておくとよいでしょう。

ほかに出題が予想される問題としては、具体的に次のようなものが考えられので、対応できるようにしておきましょう。

●**個人的なテーマ**

「あなたが教師を目指す動機」「私の恩師」「あなたの心に残っている経験」「私の学生時代」「あなたの性格形成に影響を与えたもの」等

●**抽象的なテーマ**

「愛情」「心」「親切」「耐える心」「友情」「コミュニケーション」等

【分類2】 時事的な事柄に関する出題

・情報化社会におけるコミュニケーション能力を分析し、それを高めるための教育活動について述べよ。［千葉県・千葉市］
・ボランティア活動について述べよ。［石川県］
・環境について述べよ。［山梨県］

傾向

近年、頻出している時事的なテーマは、次のとおりです。

・いじめや不登校の生徒　・教育DX
・GIGAスクール構想　・SNS
・VUCAの時代

小論文試験において、一部の限られた人間しか知らないような、極度に専門的な事柄について問われるということはまずありません。テーマとして挙げられているのは、マスメディアでよく話題になるような基本的なことです。つまり、問われているのは受験者の一般常識と言っても過言ではありません。

対策

こうした時事的なテーマについて論じるには、日ごろから新聞やインターネット等で新しい情報を入手しておくことが大切です。常に、視野や見聞を広げる努力をし、世の中の動きに目を配っておくようにしたいものです。

また、「いじめや不登校の生徒」や「SNS」といった社会の動きは、教育にも大きく関わってくるものであり、時事的な問題と教育の問題を絡めて出題されるというパターンも過去に多く見受けられます。

具体的には、次のようなものが予想されるので、対策を講じておく必要があります。

・「SNSとモラルについて」
・「現在、グローバル化の進展や絶え間ない技術革新等により、予測が困難な時代を迎えています。このような時代を生き抜いていく子供たちに育成すべき資質・能力とはどのようなものだと考えますか」
・「子供たちの資質・能力を育成するために、学校教育の中でどのような実践をしますか」

【分類3】 専門的な事柄に関する出題

・「人間性豊かで、指導力のある教師」が必要とされているが、そうなるために、どのような努力をしていこうと考えているかを述べよ。［埼玉県］
・「教師として一番大切にしたいこと」について述べよ。［山形県］

・今の学校教育に期待されていることは何かを述べよ。［神戸市］
・不登校生徒とどう向き合うかを述べよ。［長崎県］
・「わかる授業」の構築のためにどのように取り組んでいくかを述べよ。［沖縄県］
・元気がなくなって一人でいることが増え、学習意欲も低下している子どもに対し、教師としてどのような方法で指導、支援していくかを述べよ。［福井県］

専門的な事柄に関する出題とは、つまり、「教育」に関わる考え方を問われるということです。テーマは次の三つに分類されます。

① 教師観
② 教育論・教育問題
③ 生徒指導・学習指導

傾向

教員採用試験の小論文試験で最も出題される割合が高いのがこのパターンです。教師を目指す立場からさまざまな問題について論じさせたり、教師としてどのように問題に対処するのかについて論じさせたりするものが多く見受けられます。

出題頻度からいうと、六～七割が①の「教師観」と②の「教育論・教育問題」ですが、③の「生徒指導・学習指導」も決して少なくはありません。特に関西以西がそうで、大阪府・京都府は③の出題確率が高い傾向にあります。

③は、厳密には、①と②に基づく具体的な対応策を問われるわけですから、①と②を重点的に学習しておけば、十分設問に答えられるはずです。いずれにしても、①と②の中心的課題を集中学習しておけばよいわけです。

対策

【分類3】のパターンで必要となってくるのが、専門知識です。

たとえば、「オープンスクール実施への試み」「スクールカウンセラーの設置」等について書くとき、専門的な知識の有無で、小論文の説得力が違ってきます。この説得力の違いは、そのまま小論文試験の得点の違いとなります。

この**【分類3】**に必要となる専門的な知識については、第3章の「専門的な事柄の背景知識」（66～70ページ）で詳しく述べていますので、参照してください。

この**【分類3】**では、先に挙げた三つの分類別に、次のようなテーマが出題されることが予想されます。

① **教師観**…「私の教師像」「教師の権利と義務」「子どもから見た教師とは」「あ

なたが教師になった場合、日常努力しようと思っていること」「教師に求められる能力とは」等。

② **教育論・教育問題**…「教育とは何か」「体罰について」「ゆとり教育」「校内暴力の対策」「学習塾について」「義務教育について」「いじめの問題を解決するにはどうすればよいか」等。

③ **生徒指導・学習指導**…「万引きで補導された生徒への指導」「生徒をしかること」「学校におけるしつけ」「服装違反の生徒への対処」「家庭内暴力の根絶のための方策について」等。

こうしたテーマについて答えられるよう、日ごろからの準備が必要です。

パターン2　幼・小・中・高等学校等種別・職種ごとに小論文試験が課される場合

過去に出題された学校種別・職種ごとのテーマの例

1. 幼稚園

・子どもが最後まできちんと片づけたり、身近なものを大切にしたりする心を育てたり

するためには、どのような環境構成や援助が必要かを述べよ。〔京都市〕

2. 小学校

・基本的な生活習慣を確立させるとともに、社会生活を送るうえで人間として持つべき最低限の規範意識を身につけさせるために、どのように取り組むかを述べよ。〔佐賀県〕
・望ましい人間関係を築く力を育成するため、小学校の教育活動の中でどのように取り組んでいくかを述べよ。〔和歌山県〕

3. 中学校

・進路への不安から自己の適性や能力に悩む生徒に対し、教師としてどのような指導・支援を行うかを述べよ。〔横浜市〕
・わかる授業を目指すうえで、日々の授業で心がけることについて述べよ。〔神奈川県〕

4. 高等学校

・生徒が目的意識を持つことができる高校生活を送るために、教員としてどのように貢献するかを述べよ。〔新潟県〕
・情報モラルの育成に対し、クラス担任または学年主任としてどのような指導を行うかを述べよ。〔福島県〕

5. 特別支援学校

・特別支援学校の児童生徒に対し、どのような理解と配慮をもって関わるかを述べよ。［熊本県］
・特別支援教育を推進する教師に求められている力とは何かを述べよ。［神戸市］
・特別支援学校における交流および共同学習の意義と交流および共同学習を推進するうえで留意すべきことを述べよ。［富山県］

6. 養護教諭

・不登校の解消は、学級担任だけではなく学校全体として取り組むことが大切だが、養護教諭としてどのように取り組むかを述べよ。［茨城県］
・ストレスによる心身の不調等メンタルヘルスに関する課題や、アレルギー疾患を抱える子どもに、養護教諭としてどのように対応するかを述べよ。［佐賀県］

7. 栄養教諭

・校内における食のコーディネーターとしての、栄養教諭の役割について述べよ。［熊本県］
・給食で好きなものだけを食べてその他のものを残すという現状を改善するために、栄

養教諭としてどう手立てを講じるかを述べよ。［新潟県］

傾向と対策

幼稚園・小学校・中学校・高等学校については、小学校と中学校、中学校と高等学校のように、二つの校種にわたるテーマが出される場合もあり、学校種別ごとに特化しているだけに、高い専門性が問われるテーマだといえます。

このパターンで重要となるのは、校種に応じた教師観なり教育論なりを論じていかなければならないという点で、専門性が高くなる分、より多くの専門知識が必要とされるのです。

特別支援学校については、専門性の高さから独立したテーマが設けられることが多く、受験者は、障害者等が、幼稚園、小学校、中学校、高等学校に準じた教育を受けること、学習上または生活上の困難を克服し自立が図られることを目的としていることを踏まえた論を展開していく必要があります。

養護教諭と栄養教諭の職種に限定して小論文試験が課される場合に特徴的なことは、「具体的な手立て」「具体的な対応策」が問われるものが多く、子どもたちの健康や食に関わる養護教諭と栄養教諭ならではの設問であるといえるでしょう。

さまざまな問題を想定して、自分なら問題にどう対応するのかということについて、日ごろから考えておくことが試験への対策となります。

パターン3 社会人経験者等の特別選考に限定して小論文試験が課される場合

過去に出題された社会人経験者等の特別選考ごとのテーマの例

1. 社会人経験者特別選考

・これまでの社会人としての経験を、どのように学校教育に活かそうと考えているかを述べよ。［川崎市］

・自身の企業等での体験を踏まえて、学校現場で教員としてどのような「生きる力」を身につけさせたいと考えるかを述べよ。［秋田県］

2. 国際貢献活動経験者特別選考

・国際貢献活動への派遣中の経験を教員としてどのように活かしていくかを述べよ。［京都市］

・国際教育を推進するうえで、諸外国での経験を活かしてどのように取り組んでいくかを述べよ。［さいたま市］

3. 教務経験者特別選考

・体験的な学習活動についてクラス担任としてどのように取り組むか、経験を踏まえて述べよ。［神奈川県］

・保護者との信頼関係を構築するために、どのように取り組むか、これまでの経験に触れて述べよ。〔大阪府・堺市〕

4．スポーツ・芸術特別選考

・スポーツあるいは芸術をとおしてあなたが身につけたことを、学校教育にどう活かそうと思っているかを述べよ。〔福岡市〕

傾向と対策

ここでは、特別選考として、特別に秀でた能力を持つ人材を教員として採用することを目的としているため、小論文試験では個々の経験について問われる傾向が強くなっています。

また、教務経験者や前年度の教員名簿登載者等に対しても、特別選考として試験の一部が免除されますが、どちらの場合も、小論文試験が大きな比重を占めることになります。いずれにしても、経験が買われるのですから、自分の経験を教育現場でどのように活かせるのか、考えておきましょう。

以上、過去に出題された問題から小論文対策として取り組むべきことをまとめると、次のようになります。

ポイント

パターン1 **共通のテーマで小論文試験が課される場合**
【分類1】 個人的な事柄に関する出題
→ まずは自己分析を！
【分類2】 時事的な事柄に関する出題
→ 新聞やインターネット等でニュースに目を配り、情報を得ること！
【分類3】 専門的な事柄に関する出題
→ 教育に関する専門知識を身につけること！

パターン2 **幼・小・中・高等学校等種別・職種ごとに小論文試験が課される場合**
→ 専門分野の知識を深めておくこと！

パターン3 **社会人経験者等の特別選考に限定して小論文試験が課される場合**
→ 自分の経験について整理しておくこと！

小論文試験は一夜漬けでどうにかなるものではありません。日々の積み重ねがものをいいます。試験に向けて、日ごろからしっかり取り組んでいきましょう。

第3章

できる小論文とは？

- 「小論文」の定義
- 小論文試験で試される能力
- 小論文試験のチェック項目
- STEP1 文章を書く能力を身につける
- STEP2 個性・パーソナリティをアピールする
- STEP3 知識に裏づけられた文章を書く

本章では、小論文試験において受験者の何が評価されるのかを説明し、「できる小論文」とは何かを明らかにします。

第3章　できる小論文とは？

●「小論文」の定義

小論文は「小さな論文」と書きますが、まさにそのとおりで、何かを論じてこそ「小論文」といえます。つまり、意見や感想を脈絡なくただ書いたとしても、小論文※とはいえません。したがって、そのような文章では小論文試験において合格点を取ることもできないのです。

小論文＝小さな、理論立てて書かれた文章

※教員採用試験では「論作文」とまとめられることが多いようですが、作文は理論立てた文章ではなく、受験者の経験に基づく意見や感想文に近いものといえます。

では、合格点の取れる小論文とはいったいどのようなものなのでしょうか。

本章では、小論文試験で受験者が何を試されているのかを確認するとともに、合格に近づくための小論文のポイントや書き方のルールなど、「できる小論文」とは何かを解説します。

ではさっそく、「できる小論文」のポイントを一つずつ分析していきましょう。

●小論文試験で試される能力

そもそも小論文試験は何のために課されるのでしょうか。

各自治体によって多少の違いはありますが、小論文試験で試される内容は、次のとおりです。

> 小論文試験 ＝ 教員として必要な文章による表現力、判断力、思考力等についての筆記試験

この「教員として必要な文章による表現力、判断力、思考力等」とは、文章によって自分の考えを表現できるか、さまざまな事象に対して適切な判断を下すことができるか、さまざまな物事について自分の考えを持っているかといったことです。

要するに、**①文章を書く能力**、**②個性・パーソナリティ**、**③知識**が問われているといえます。

この三つをうまくアピールしてこそ合格点の取れる小論文を書くことができるのです。

では、それらが小論文試験においてどのように評価されているのか、具体的に見ていきましょう。

①文章を書く能力 → **形式面** でチェック！
②個性・パーソナリティ
③知識
→ **内容面** でチェック！

●小論文試験のチェック項目

形式面

- □ 原稿用紙を正しく使って書けているか？ → STEP1
- □ 誤字・脱字のない正しい文章が書けているか？ → STEP1
- □ 読みやすい字で丁寧に書けているか？ → STEP1
- □ 文章語（書き言葉）で書けているか？ → STEP1
- □ 正しい文法で書けているか？ → STEP1
- □ 文章は読みやすく書けているか？ → STEP1
- □ 文章の組み立てを考えて書けているか？ → STEP1

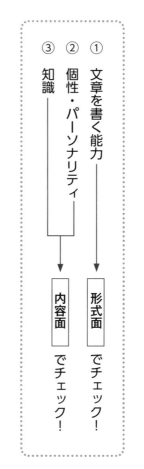

内容面

- □前向きな印象を与えるものになっているか？ → STEP2
- □教員にふさわしい内面的資質が備わっているか？ → STEP2
- □自分の考えを明らかにして、独創的に論じているか？ → STEP2
- □職務に就くうえで必要な知識を有しているか？ → STEP3
- □出題の意図を正しく理解しているか？ → 第4章
- □文章の流れは一貫したものになっているか？ → 第4章
- □具体的な例を挙げるなどして、客観的に書けているか？ → 第4章
- □問題点を明らかにして論じているか？ → 第4章
- □問題に対する具体的な解決策を提示できているか？ → 第4章

本章では、右に挙げたチェック項目を一つひとつクリアして、「できる小論文」を書き上げるために必要な技術と知識を探っていきます。

形式面にかかわる「①文章を書く能力」については本章ＳＴＥＰ１で、内容面にかかわる「②個性・パーソナリティ」についてはＳＴＥＰ２で、「③知識」についてはＳＴＥＰ３と第４章で詳しく説明していきます。

STEP 1

文章を書く能力を身につける

1 原稿用紙に正しく書く

原稿用紙に正しく書けていなければ、減点の対象になります。正しい原稿用紙の使い方を復習しておきましょう。ただし、答案用紙の様式は、罫線が引かれただけのものや何もない白紙などさまざまです。

本書では、原稿用紙を基準にして説明していきますが、基本的に書き方のルールは変わりません。

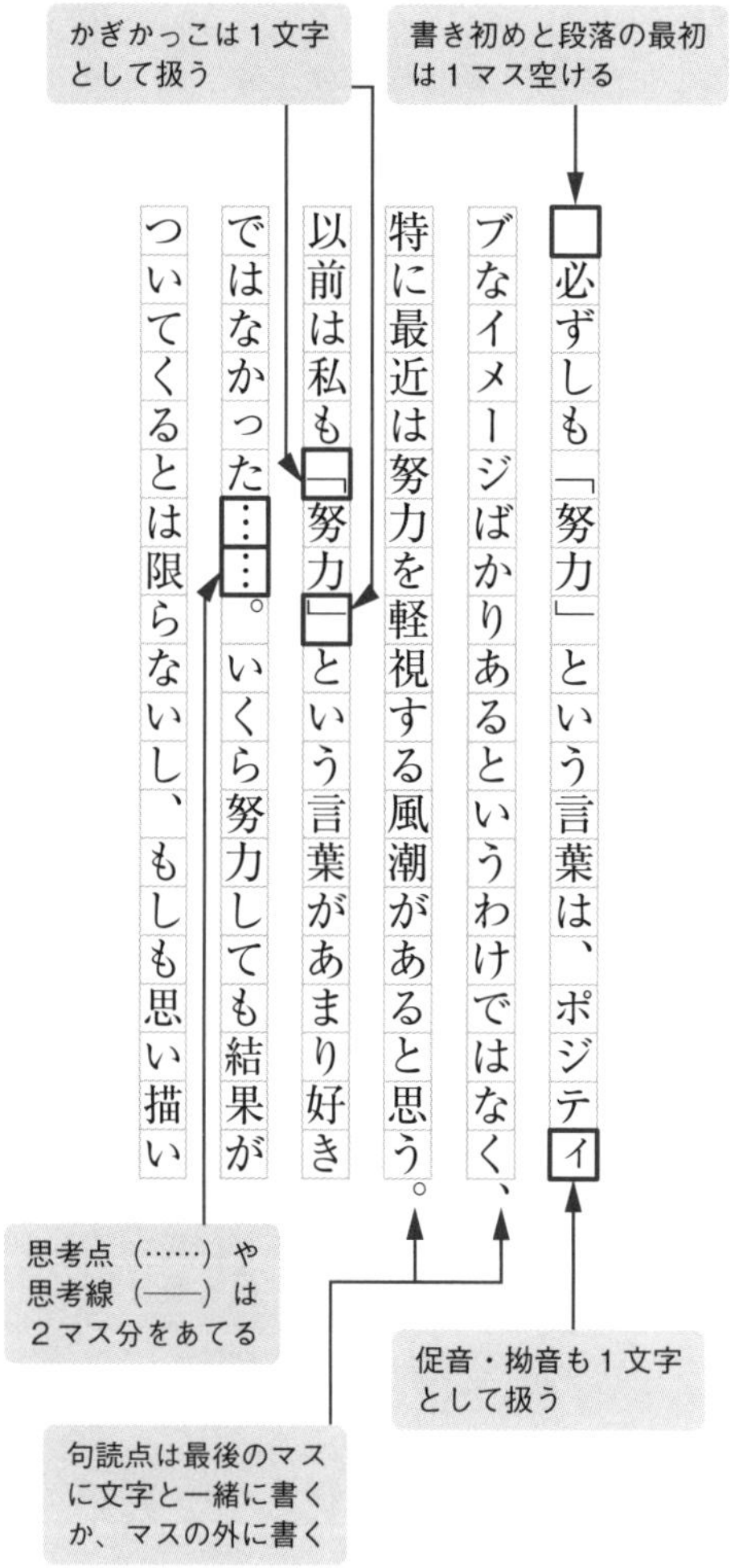

書き初めと段落の最初は１マス空ける
かぎかっこは１文字として扱う
必ずしも「努力」という言葉は、ポジティ
ブなイメージばかりあるというわけではなく、
特に最近は努力を軽視する風潮があると思う。
以前は私も「努力」という言葉があまり好き
ではなかった……。いくら努力しても結果が
ついてくるとは限らないし、もしも思い描い
思考点（……）や思考線（――）は２マス分をあてる
促音・拗音も１文字として扱う
句読点は最後のマスに文字と一緒に書くか、マスの外に書く

2 正しい文章を書く

小論文試験において、誤字や脱字がある答案は論外です。必ず見直しをして、誤りがないようにしましょう。

また、読みにくい字やつづけ字、略字なども避けましょう。文章は、楷書で書くようにします。

〈誤字〉	× 保健を適用すべきだ。	○ 保険を適用すべきだ。
〈脱字〉	× 自分なり考えている。	○ 自分なりに考えている。
〈略字〉	× 人向性が問われる。	○ 人間性が問われる。
	× 才一に思っている。	○ 第一に思っている。
〈楷書〉	× 行政の責任となる。	○ 行政の責任となる。

3 文章語（書き言葉）で書く

小論文を書くにあたっては、流行語や略語、口語（話し言葉）を避けて、文章語（書き言葉）を用いるようにしましょう。普段の会話で使っているような口語表現は、採点者に軽薄な印象を与えてしまう可能性があります。

〈流行語〉× 超真剣に取り組んだ。　○ とても真剣に取り組んだ。
〈略語〉× TVには弊害がある。　○ テレビには弊害がある。
× スマホは必要ない。　○ スマートフォンは必要ない。
〈口語〉× 大変だなぁと思う。　○ 大変であると思う。
× 決まりだから、守るべきだ。　○ 決まりなので、守るべきだ。

このほか、小論文試験で気をつけたいのが文体です。

小論文はあくまでも論文であり、何かを論じるという文章においては「です・ます」調（敬体）よりも、「だ・である」調（常体）のほうがふさわしいといえるでしょう。

また、明らかに背伸びしたような理屈っぽい文体、エッセイ風の文体も避けましょう。

小論文試験では、論旨が分かりやすい文章であると採点者に良い印象を与え高得点が期待できます。

- 文体は「だ・である」調で書く。
- 理論立てて素直に書くことを心がける。

４ 文法的に正しく書く

小論文試験では、文法の誤りも減点の対象となります。文法上で間違いやすい例には次のようなものがあります。

〈助詞（て・に・を・は）の誤り〉　×　私が誠実でありたい。　○　は

〈動詞の不対応〉　×　私はその論を賛成する。　○　支持する

〈副詞の不対応〉　×　あえて深刻だ。　○　きわめて

〈主語・述語の不対応〉　×　法律の改善が必要とする。　○　される

また、「私が最近興味を持っているのは、スローライフという考えに興味を持っています。」といった、主語・述語が対応しない文章では、いったい何について論じているのかがわかりにくいため、主語を明らかにすることも大切です。

呼応の副詞

ある語句が前にあると、それに対して、あとに決まった語句がくることがあります。これを「呼応の副詞」といいます。呼応の副詞は、文末表現に気をつけるようにしましょう。

打消	決して〜ない。
推量	たぶん〜だろう。
打消の推量	よもや〜まい。
疑問	なぜ〜か。
仮定	もし〜ならば
願望	どうぞ〜ください。
比況《ひきょう》	まるで〜ようだ。
断定	きっと〜だ。

5 文章は読みやすく書く

わかりやすい文章の基本は「５Ｗ１Ｈ」がはっきりしていることです。つまり、「いつ」「どこで」「だれが」「何を」「なぜ」「どのように」したのかを、明らかにすることが大切です。

When	いつ
Where	どこで
Who	だれが
What	何を
Why	なぜ
How	どのように

さて、みなさんは次の文章を読んで、どのような印象を受けるでしょうか。

私の夢。それは教員になること。子どもたちの笑顔。それは何よりの宝物だ。だからこそ、努力するのだ。その夢の実現のために。

個性的な文章ではありますが、体言止めが多すぎますし、倒置法なども用いられており、読みやすい文章とはいえません。読みやすい文章を書くためには、文学的なテクニックを多用するのは避けたほうが無難でしょう。

- 体言止めを多用しない。
- 倒置法を用いない。
- 比喩表現を多用しない。
- 長すぎる修飾語を用いない。
- 一文を長くしすぎず、簡潔にまとめる。

6 文章の組み立てを考えて書く

よほど理路整然とした思考の人でない限り、思いついたままを原稿用紙に書き始めたのでは、論旨があちらこちらへ飛躍したり、規定の文字数に収まらなかったりして、合格の基準に達する小論文にはなりません。

小論文では、あらかじめ文章の組み立てを考えて書く必要があります。文章構成にはさまざまなパターンがありますが、

① 「起→承→転→結」の四部構成

② 「序論→本論→結論」の三部構成

のどちらかにするのが、小論文としては効果的でしょう。

① 「起→承→転→結」の四部構成のパターン

起	問題提起	全体の10％
承	意見の提示	全体の30～40％
転	展開	全体の30～40％
結	結論	全体の10～30％

文章構成の「型」としてよく挙げられるのが、「起・承・転・結」の四部構成のパターンです。問題提起に始まり、第二段落で自分の意見を提示し、第三段落で話を展開して、最後の段落で結論を述べるという構成です。ただし、時間と字数に限りのある小論文試験では、話を展開して結論まで導くのは少し難しい場合もあります。

②「序論→本論→結論」の三部構成のパターン

序論	問題提起	全体の10～20％
本論	意見の提示	全体の40～70％
結論	結論	全体の20～40％

問題提起に始まり、意見を提示して結論に導く、というのがこのパターンです。小論文試験においては、最もオーソドックスな型といえるでしょう。

このほか、結論から先に書き出すパターンなどもありますが、自分の考えを効果的にアピールするにはどのパターンが適しているか、個々のケースによって考える必要があります。小論文では、文章の構成が全体の印象を決めます。構成をしっかりと考えてから、文章を書くようにしましょう。

STEP 2

個性・パーソナリティをアピールする

小論文試験では、

① 文章を書く能力
② 個性・パーソナリティ
③ 知識

が問われていることは、前にも述べました（41ページ）。

では、その「個性・パーソナリティ」を小論文試験においてどのようにアピールしていけばよいのでしょうか。また、小論文試験で問われている「個性・パーソナリティ」とはいったいどのようなものなのでしょうか。

1 問われているのは内面的資質

個性やパーソナリティとは、個々人の人柄や価値観といったもののことです。「文は人なり」という言葉があるように、文章を見ればその人の人間性がわかるといいます。小論文を通して、受験者は教員に適した内面的資質を持っているかどうかを見られているのです。

個人の特性には良い点も悪い点もあるのが当然ですが、小論文は採用試験です。小論文では自分の良い点を採点者にアピールする必要があります。しかも、それを教員として必要とされる内面的資質にからめることが、重要なポイントになってきます。
したがって、まずは教員として必要とされている内面的資質とはどのようなものかを探っていきましょう。

前にも述べたように、小論文試験の内容は次のとおりです。

小論文試験＝
教員として必要な文章による表現力、判断力、思考力等についての筆記試験
・さまざまな事象に対して適切な判断を下すことができるか？（← 判断力）
・さまざまな物事についてしっかりとした考えを持っているか？（← 思考力）

小論文試験で、自らに「判断力」や「思考力」があることをアピールしたいところです。
また、さまざまな物事に対するしっかりとした考えを持つには、「知識」が土台として必要になります。知識のアピールの仕方についてはSTEP3で述べていきます。

教員としての資質

学校の第一の使命は、何といっても子どもの人間形成です。子どもの教育に直接かかわる教員には、教員自身の人間性の豊かさが問われることになります。

教育基本法第九条では、教員は次のように定められており、「崇高な使命」を求められています。

- 法律に定める学校の教員は、自己の崇高な使命を深く自覚し、絶えず研究と修養に励み、その職責の遂行に努めなければならない。（教育基本法第九条）

また、公立学校の教員は公務員として、次のような服務規律があります。

- 信用失墜行為の禁止（地方公務員法第三十三条）
- 秘密を守る義務（地方公務員法第三十四条）
- 政治的行為の制限（地方公務員法第三十六条）
- 争議行為の禁止（地方公務員法第三十七条）

これまでの点をふまえると、採点者にアピールしたい特性がおのずと明らかになってきます。

採点者にアピールしたい特性

●豊かな人間性
具体的には、コミュニケーション能力、他人を思いやる心、異なる立場の人間を尊重する姿勢、他の人間の規範となることのできる高いモラル、ボランティア精神などを有していることです。

●柔軟な思考力
論理的思考力、問題解決能力、判断力、創造力、応用力等があること、国際化社会に対応する力、情報化社会に対応する力があることです。

●理想と意欲
教師という職務に就くうえで、理想の教育のあり方、理想の教師像等についての具体的なビジョンを持ち、それを実現するための情熱、責任感、使命感を備えていることが重要な要素です。

また、職場でほかの人たちと一緒に働くうえで、

・一般常識がある　・論理的である　・協調性がある　・洞察力がある
・前向きである　・理解力がある　・積極的である　・視野が広い

といった内面的資質は評価の対象となります。

特に協調性は、団体行動が基本となる学校で働くうえで不可欠な資質です。

ここまで見てきたなかで、採点者にアピールしたい特性がわかってきたかと思いますが、逆に採点者にアピールするのは避けたい特性もあります。

採点者にアピールを避けたい特性

×　自己中心的である　×　消極的である
×　無責任である　×　非常識である

たとえば、「責任について述べよ」という課題に対して、あなたに無責任なところがあるとしても、「私は無責任な人間である」などと正直に書く必要はありません。「私は責任感を持つことが重要であると考える」というように、前向きな姿勢をアピールするほうがよいでしょう。

もちろん、わざわざ自分の欠点を強調して書く人はいないでしょうが、人間性というものは言葉選びや行間からもにじみ出てしまうので、注意する必要があります。

２ 独創性のある文章を書く

内容面にかかわるチェック項目（43ページ）の一つに、

自分の考えを明らかにして、独創的に論じているか？

というものがあります。小論文試験においては、自分の考えを自分の言葉で独創的に論じることができているかどうかが問われます。

たとえば、以下のような文章からは、受験者の個性やパーソナリティはおろか、独創性は感じられません。

× 問題意識に欠ける安易な考えを述べている。
× 世間でよくいわれているような一般論をおおげさに述べている。
× 抽象的な表現ばかりで具体的な解決策を述べていない。
× 他人の考えの請け売りにとどまり、自分の立場がはっきりしない。

小論文試験では「その人らしさ」が必要ですから、個性のない平凡な文章や他人の考え、請け売りでは好印象を与えることはできません。自分らしさの表現を心がけましょう。

STEP 3

知識に裏づけられた文章を書く

説得力のある文章を書くには、ある一定の知識が必要です。

次の二つの例を見てみましょう。

A「文科省では、毎年、膨大な予算が使われているそうだ」

B「文科省では、『教師等の指導体制の充実と働き方改革の推進』のためには令和五年に一兆五〇〇〇億円の予算が計上された」

AとBの文章で、どちらがより説得力のある文章かといえば、「一兆五〇〇〇億円」という具体的な数字を挙げているBの文章であることは明らかです。

説得力のある文章を書くには理由や根拠を具体的に示すことが重要ですが、「〜だから」の「〜」の部分は、背景知識がなければ書くことができません。つまり、知識がプラスされてこそ、説得力のある文章となるのです。

文章を書く能力
＋
知識
↓
より説得力のある文章

小論文試験に必要な背景知識

小論文試験の出題テーマを分類していくと、次の三つに分かれることは第2章で述べました。このうち、【分類2】と【分類3】において背景知識が必要となります。

【分類1】　個人的な事柄に関する出題 → 自己分析が必要
【分類2】　時事的な事柄に関する出題
【分類3】　専門的な事柄に関する出題
（分類2・分類3）→ 背景知識が必要

それぞれの分類について、小論文試験に必要な背景知識を確認していきましょう。

1 時事的な事柄についての背景知識

先に述べたとおり、教員試験の小論文採用試験においては、時事的なテーマが出題されることもあります。以下のようなテーマが、過去に出題されています。

- 地球環境問題について
- 働き方の変化について
- デジタル社会について
- モラルとパワハラ防止について

これらは、現代日本で社会人として働くために、常識として知っておいたほうがよいことばかりです。つまり、教員試験の小論文では、そういった常識的な事柄について問われる場合が多いということになります。これらのテーマについて、まずは現状を把握し、自分なりの考えをまとめておくようにしましょう。

○地球環境問題

温暖化問題が深刻になり、世界規模での対策が求められています。教員の職場においても、夏場のクールビズなどの取り組みが定着してきています。

地球温暖化

地球温暖化は、大気や海洋の温度が年々上昇していくという現象です。生態系への影響や、海面上昇による被害が懸念されています。原因となる温室効果ガスの排出量を抑制することが急務となっています。

SDGs

Sustainable Development Goals の略称で、「持続可能な開発目標」と訳されます。2030 年までに貧困、不平等・格差、環境問題など、世界のさまざまな問題を根本的に解決し、世界に住む人全員でよりよい世界を作っていくために達成するべき 17 の目標と 169 の達成基準が掲げられています。2015 年の国連総会で採択されました。

循環型社会

廃棄物を減らし、製品などの循環によって地球環境への負荷を少なくすることを目指す社会のことをいいます。循環型社会では、リデュース（消費抑制・生産抑制）、リユース（再使用）、リサイクル（再利用）の「３Ｒ」が推奨されます。

プラスチックごみ問題

自然界で分解されにくいプラスチックが不法投棄などにより自然界に流出し、海洋汚染を引き起こしている問題。５ミリメートル以下のマイクロプラスチックは回収がほぼ不可能といわれています。

○働き方の変化

社会では労働力を確保するためには女性やシニア人材などの雇用が重要となっていますが、労働者にとって働きやすい職場環境が整備されているとは言いづらい状況があります。

格差社会

社会を構成する人々の階層間に経済的、社会的な格差が存在し、その階層間での移動が困難な社会のことを「格差社会」といいます。近年、若年層での経済的格差が特に問題となっています。

学校における働き方改革

「教師を取り巻く環境整備について緊急的に取り組むべき施策（提言）」として、2023 年 8 月、文部科学大臣の諮問機関である中央教育審議会の特別部会で長時間勤務が問題となっている教員の働き方改革に関する緊急提言をまとめました。教師の長時間労働を含めた働き方を把握し、国の基準を大幅に超過している学校には、見直しを求めるとしています。

教育現場での女性の参画拡大

文部科学省では、教職員の男女がともに仕事と育児・介護等の両立を図ることができるよう、勤務時間管理の徹底や業務の明確化・適正化等の働き方改革を行うともに、管理職選考について女性が受けやすくなるよう，教育委員会における検討を促しています。

介護離職問題

家族を始め、身近な人を介護するために仕事を辞めなければならない状態のことを介護離職といいます。介護・看護を理由に離職・転職する人は年間約10万人もいるといわれ、労働力不足や社会保険料などの公的損失に繋がるといわれています。政府は介護離職ゼロに向けて介護の受け皿の拡大や仕事と介護の両立が可能な働き方の普及などを進めています。

教員の定年延長

2021年の通常国会において、国家公務員の定年を65歳まで段階的に引き上げるという「改正国家公務員法」が成立し、2023年4月に施行されました。定年年齢は、一気に引き上げられるわけではなく、2年ごとに1歳ずつ段階的に延長されます。2023年度から始まり、2031年で完了します。

○デジタル社会

デジタル技術の進展によりデータの重要性が飛躍的に高まる中、日本で世界水準のデジタル社会を実現することが目指されています。

教育現場のデジタル化

GIGA スクール構想（2019 年）によって、「誰もが、いつでもどこからでも、誰とでも、自分らしく学べる社会」の実現のために、タブレットやパソコンなどの情報端末を1人1台配布し、インターネットやクラウドサービスを活用して教育の質や効率の向上が進んでいます。コロナ禍をきっかけに政府は 2021 年にデジタル庁を発足させました。その後、文部科学省も教育 DX(デジタルトランスフォーメーション)として、以下のような取り組みを進めています。

・教育データを収集・分析し、個別最適な学習支援や教育改善に活用する。
・オンラインでの授業や学習支援、教員研修などを実施し、教育の機会均等や柔軟性を高める。
・デジタル技術を使った創造的な学習やプロジェクトを行い、21 世紀のスキルを育成する。

メディアリテラシー

情報を使いこなす能力のことを、「メディアリテラシー」といいます。情報が氾濫《はんらん》する情報化社会においては、情報の真偽を判断し検証したうえで活用する能力が求められています。

○モラルとパワハラ防止

パワーハラスメントは、職場内での優位性を背景にしたもので、人に対する迷惑行為に当たります。パワハラの発生を未然に防ぎ、発生した場合は速やかに適切な措置を取るなどの対処を行わなければなりません。

迷惑行為防止条例

迷惑行為については、各都道府県や一部の市町村が条例を設けて対処しています。各自治体によって違いますが、痴漢や盗撮、路上にたむろする、路上喫煙、落書きなどが対象とされています。モラルの低下に伴い、近年改正して、規制場所等の拡大や規制対象行為の拡大、罰則の引き上げをする自治体も増えています。

パワハラ防止法

一般的には労働施策総合推進法と呼ばれるもので、パワーハラスメントの基準を法律で定めることにより、職場が具体的に防止措置をとることを義務化するものです。公立学校での教師間のパワハラの問題については、県または市区町村教育委員会に相談することができます。また、私立学校での教師間のパワハラの問題については、私学教員ユニオンで相談を受け付けています。

2 専門的な事柄についての背景知識

教員採用試験で問われる専門的な事柄は、大きく分けて「教師観」「教育論・教育問題」「生徒指導・学習指導」の三つです。この三つについて、背景知識をおさえておく必要があります。

- ・教師観について
- ・教育論
- ・教育問題について
- ・生徒指導
- ・学習指導について

○教師観

教師観では、「私の教師像」「私のめざす学校教育」「私の生徒観」「印象に残る恩師」「私の学級経営」「教師に求められる能力」等、どのような教師になりたいのか、教師としてどうあるべきかについて考えを問われます。

ウェルビーイング（Well-being）

ウェルビーイングとは、身体的・精神的・社会的に良い状態にあることをいい、短期的な幸福のみならず、生きがいや人生の意義などの将来にわたる持続的な幸福を含む概念です。不登校やいじめ、貧困など、コロナ禍や社会構造の変化を背景として子どもたちの抱える困難が多様化・複雑化する中で、一人一人のウェルビーイングの確保が必要であり、教育振興基本計画では教育活動全体を通じたウェルビーイングの向上が掲げられています。

「生きる力」を育む

2020年から始まった新しい学習指導要領の総則には「学校の教育活動を進めるに当たっては、各学校において、児童に生きる力を育むことを目指し」とあります。変化の激しいこれからの社会を生きるために、確かな学力、豊かな人間性、健康・体力の知・徳・体をバランスよく育てることが大切です。

チームとしての学校

例えば、いじめへの対応について、スクールカウンセラーがカウンセリング等で関わることは、有効に機能を発揮していますが、スクールカウンセラーに全ての対応を任せるだけでは、解決につながらないことも考えられます。日常的に子どもに関わっている教員、いじめ等のサインに気付きやすい立場にある養護教諭、これらの役割や専門性を異にする職員が様々な立場から、総合的に関わることで解決につなげることが大事です。

○教育論・教育問題

教育論・教育問題は、「生涯教育」「塾」「校内暴力」「不登校」「体罰」「いじめ」「新しい学力」が中心課題です。

教育基本法

教育基本法は、1947年3月に公布された法律ですが、社会の変化に応じて、教育も変化させる必要が出てきました。2000年代に入ると、いじめや高等学校必修科目の未履修の問題が浮上しており、旧教育基本法は抽象的な内容であったことから、2006年に改正されました。問題を改善・解決するために、教育委員会や学校の在り方、学校教育の本質や教育行政が担うべき責任、公教育の在り方、社会全体の在り方に対する再検討がされたのです。

教育振興基本計画

教育振興基本計画とは、2006年に全面改正された教育基本法に基づき、政府が策定する教育に関する総合計画です。今後5年間の国の教育政策全体の方向性や目標、施策などを定めています。

探求的な学習

探究的な学習とは、問題解決的な活動が発展的に繰り返されていく一連の学習活動のことです。次のような探究の過程があります。【課題の設定】体験活動などを通して、課題を設定し課題意識をもつ。【情報の収集】必要な情報を取り出したり収集したりする。【整理・分析】収集した情報を、整理したり分析したりして思考する。【まとめ・表現】気付きや発見、自分の考えなどをまとめ、判断し、表現する。

協働的な学び

探究的な学習の質を高めるのが「協働的な学び」です。多様な考え方をもつ他者と適切にかかわり合ったり、社会に参画したり貢献したりする資質や能力及び態度の育成につながることをめざし、他者と協同して課題を解決しようとする学習活動を重視した指導です。

いじめ防止対策推進法

いじめ防止対策推進法（2013年制定）では、学校におけるいじめ防止策の策定と実施を義務付けており、SNS上でのいじめも対象となることが決まりました。学校側がいじめ事案として対応し、必要に応じて警察や専門機関と連携することが求められます。この法律は、いじめを「子どもの人権を侵害し、心身の健康を害する行為」と定義し、学校や教育委員会にいじめ防止対策の策定と実施を義務付けました。また、いじめが発生した場合の対応手順や、重大ないじめ事案の報告義務などが定められています。

Z世代

1990年代後半～2012年頃に生まれた世代といわれ、物心ついたときからインターネットを当たり前に活用するデジタルネイティブです。社会問題への関心が高く、個人の価値観を大切にする傾向があります。

○生徒指導・学習指導

生徒指導・学習指導に関しては、「万引きをした生徒の保護者に担任の教師として手紙を書きなさい」等、具体的な出題も多く、実際に教師としてどう対応すべきかを問われます。

COCOLOプラン

2023年に制定された不登校により学びにアクセスできない子どもたちをゼロにすることを目指した対策です。次の3つをめざします。①不登校の児童生徒全ての学びの場を確保し、学びたいと思った時に学べる環境を整える。②心の小さなSOSを見逃さず、「チーム学校」で支援する。③学校の風土の「見える化」を通じて、学校を「みんなが安心して学べる」場所にする。

学校を子どもの貧困対策のプラットフォームに

子どもの貧困対策は、2014年1月に施行された「子どもの貧困対策の推進に関する法律」に基づき、2014年8月に「子どもの貧困対策に関する大綱」が閣議決定され、こども家庭庁、文部科学省、厚生労働省などの関係省庁が連携して取り組んでいます。

ペアレンタルコントロール

子どもが適切にスマートフォンやゲーム機を使えるよう、機能を保護者が管理・制限することをペアレンタルコントロールといいます。アプリや動画などのコンテンツに対する年齢制限、通信や通話の相手に対する制限、購入やダウンロードに関する制限などです。

こども基本法

2023年の4月1日より施行されたこども基本法には、子どもの権利として四つの代表的な原則が定められています。①差別の禁止、②生命、生存及び発達に対する権利、③子どもの意見の尊重、④子どもの最善の利益

第4章

小論文を書くためのプロセス

- ブレインストーミング
- 構成を考えてメモにまとめる
- 書く
- 見直す

本章では、実際に小論文を書くにあたって必要な4つのプロセスを説明します。

第4章　小論文を書くためのプロセス

ここまで、小論文試験の過去問をひもとき、その傾向と対策、さらに「できる小論文」とは何かを見てきました。

それでは小論文は実際に、どのように書いていけばよいのでしょうか。

小論文試験ではテーマが与えられ、その課題に従って書いていくことになります。しかしここで、試験の開始と同時に原稿用紙に書き始めないよう注意しましょう。試験時間に制限があって焦る気持ちもあるでしょうが、原稿用紙にあわてて書き始めたとしても、〝書いては消し〟、〝書いては消し〟を繰り返すだけで、かえって時間の無駄になってしまいます。時間が制限されているからこそ、小論文試験では効率的に書く必要があるのです。

では、どうすれば効率よく書くことができるのでしょうか。

じつは、必要なのは、答案用紙に書き始める前の「下準備」なのです。具体的には、「ブレインストーミング」「構成を考える」「メモにまとめる」という作業です。

これらの作業が終わって初めて、原稿用紙に書き始めることができるのです。

そして、小論文試験では書きっぱなしは禁物です。書き終わったら、必ず文章を見直しましょう。

以上のことをまとめると、小論文を書くためのプロセスは次のようになります。

1 ブレインストーミング
↓
2 構成を考えてメモにまとめる
↓
3 書く
↓
4 見直す

この四つのプロセスを経て、小論文は完成するのです。

それでは続いて、それぞれのプロセスについて、どのような作業が必要とされるのかを見ていきましょう。

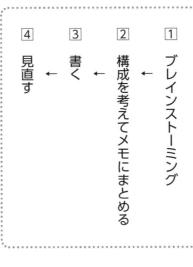

1 ブレインストーミング

小論文を書く際に最初にすべきなのが、「ブレインストーミング（brainstorming）」と呼ばれる作業です。

ブレインストーミングは、「集団発想法」と訳される会議の方法の一つで、五～十人でアイデアを出し合い、検討して発展させていくことを意味します。

ブレインストーミングとは

- 集団発想法
- 集団で会議をしてアイデアを出し合い、検討して発展させていく方法

しかし、小論文試験では実際に集団で会議を行うわけではありません。ここでいうブレインストーミングは、仮想世界のものです。自分の脳内で複数の視点からアイデアを出し、検討し、発展させていくということです。

個人の考えはひとりよがりなものになりがちです。そこで、いろいろな立場の意見を想定して検討する必要があるというわけです。

小論文のブレインストーミングは、一般的に次のような手順で行っていきます。

▼個人的な事柄に関する出題のブレインストーミング

① 与えられたテーマについて、個人的な体験をいくつか抽出する
② いくつかの事例の中から、最もテーマにふさわしいものを選ぶ
③ 複数のアイデアを出す
④ 個人的な体験を普遍的な問題へと発展させていく

▼時事的な事柄・専門的な事柄に関する出題のブレインストーミング

① 与えられたテーマについて、定義を考える
② 最初から立場を決めず、肯定（賛成）と否定（反対）の両面から考える
③ 複数の視点に立ってアイデアを出す
④ 問題の原因や結果、背景を考える
⑤ 問題の具体的な解決策を考える

ブレインストーミングの前提条件となる背景知識

具体的には、どのようにブレインストーミングを行っていけばよいのでしょうか。

たとえば、小論文のテーマとして「高齢社会」が出題されたとします。その場合、まずは与えられたテーマについて、その定義をおさえておきましょう。そのためには「高齢社会」についての背景知識が必要です。背景知識がなければ、中身のある小論文は書けません。

（例）高齢社会

定義

総人口における高齢者（六十五歳以上の者）の占める比率（高齢化率）が14％を超えた社会。

事実

日本では二〇二二年の六十五歳以上の人口は三六二四万人。

高齢化率は約29・0％。

二〇〇〇年に介護保険法が施行され、老人介護は社会保険によって行われることになった。

問題

労働力人口の減少や社会保険料の負担増などが問題となっている。

ブレインストーミング①　まずは書き出す

ブレインストーミングの第一段階です。まずは、「高齢社会」について思いつくことを書き出してみましょう。

この段階では、小論文で使えるか使えないかを考える必要はありません。納得がいかないことを書いてしまっても、消してきれいに書き直す必要もありません。とにかく、自分の頭の中にあるものをすべて書き出してみます。

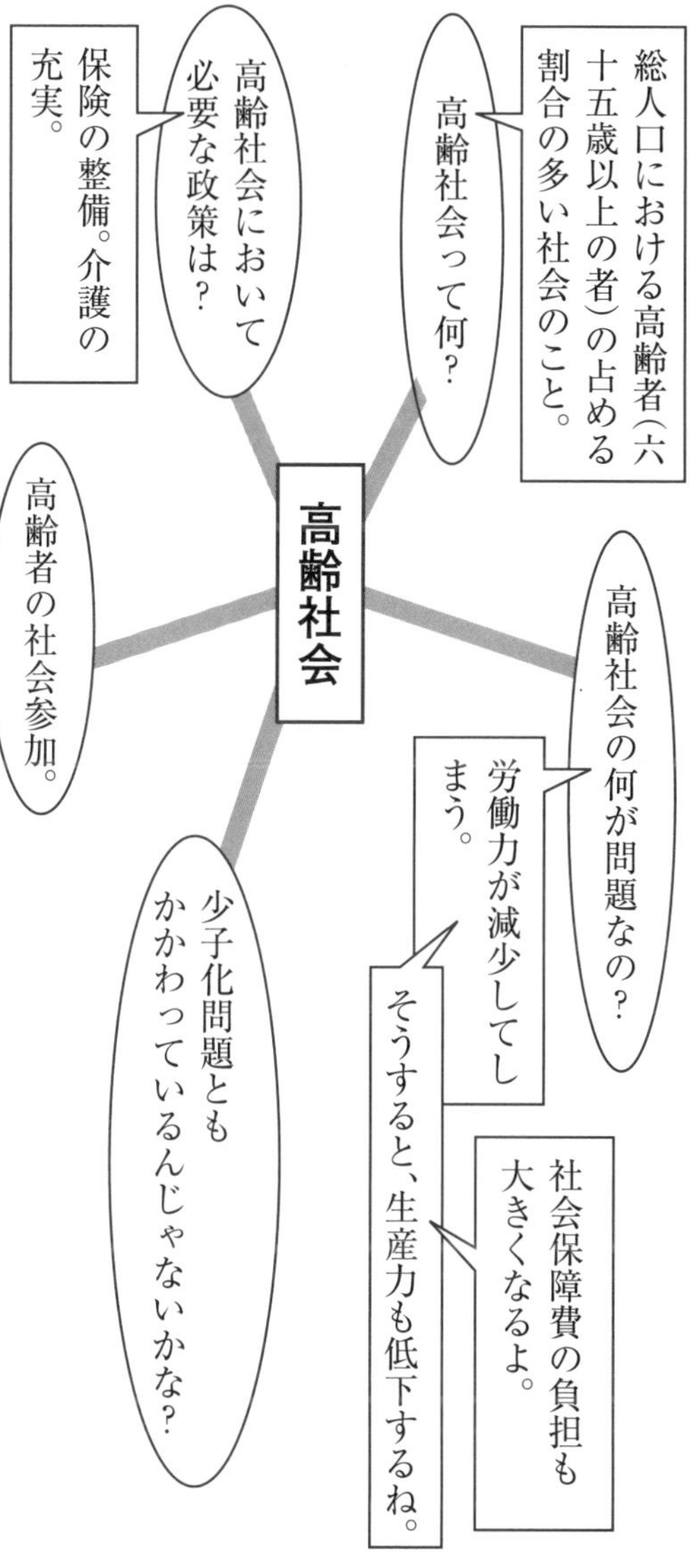
高齢社会
高齢社会って何？
総人口における高齢者（六十五歳以上の者）の占める割合の多い社会のこと。
高齢社会において必要な政策は？
保険の整備。介護の充実。
高齢者の社会参加。
高齢社会の何が問題なの？
労働力が減少してしまう。
そうすると、生産力も低下するね。
社会保障費の負担も大きくなるよ。
少子化問題ともかかわっているんじゃないかな？

ブレインストーミング② 問題点を絞る

ブレインストーミングの第一段階で、テーマについてのさまざまな考えや知識が出てくると思います。次に、小論文を書く際に使えそうな項目をピックアップして、問題点を絞ります。第二段階では、その切り口からさらにブレインストーミングを展開します。

ここでは、高齢社会の何が問題なの？という疑問を取り上げて、問題の原因や結果、背景を探っていきます。

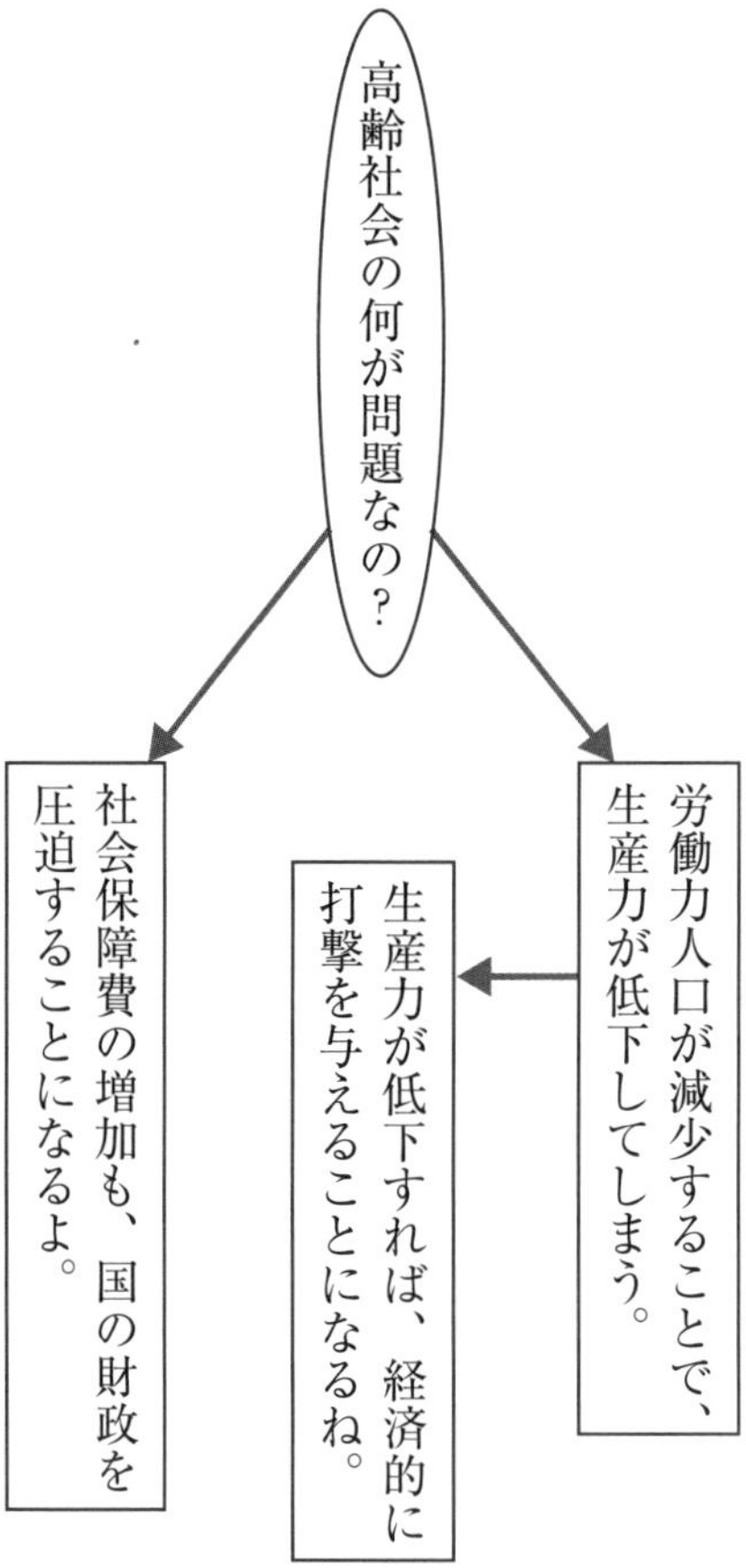
高齢社会の何が問題なの？
労働力人口が減少することで、生産力が低下してしまう。
生産力が低下すれば、経済的に打撃を与えることになるね。
社会保障費の増加も、国の財政を圧迫することになるよ。

ブレインストーミング③ 解決策を探る

ブレインストーミングの第二段階で、「高齢社会」の問題点が明らかになったと思います。すると次に、では どうすればよいのか? という疑問が出てくるはずです。

ここでは、「高齢社会の抱える問題を解決するためには、どうすればよいのか?」という疑問に答えるために、さらにブレインストーミングを進めて具体的な解決策を見つけていきます。

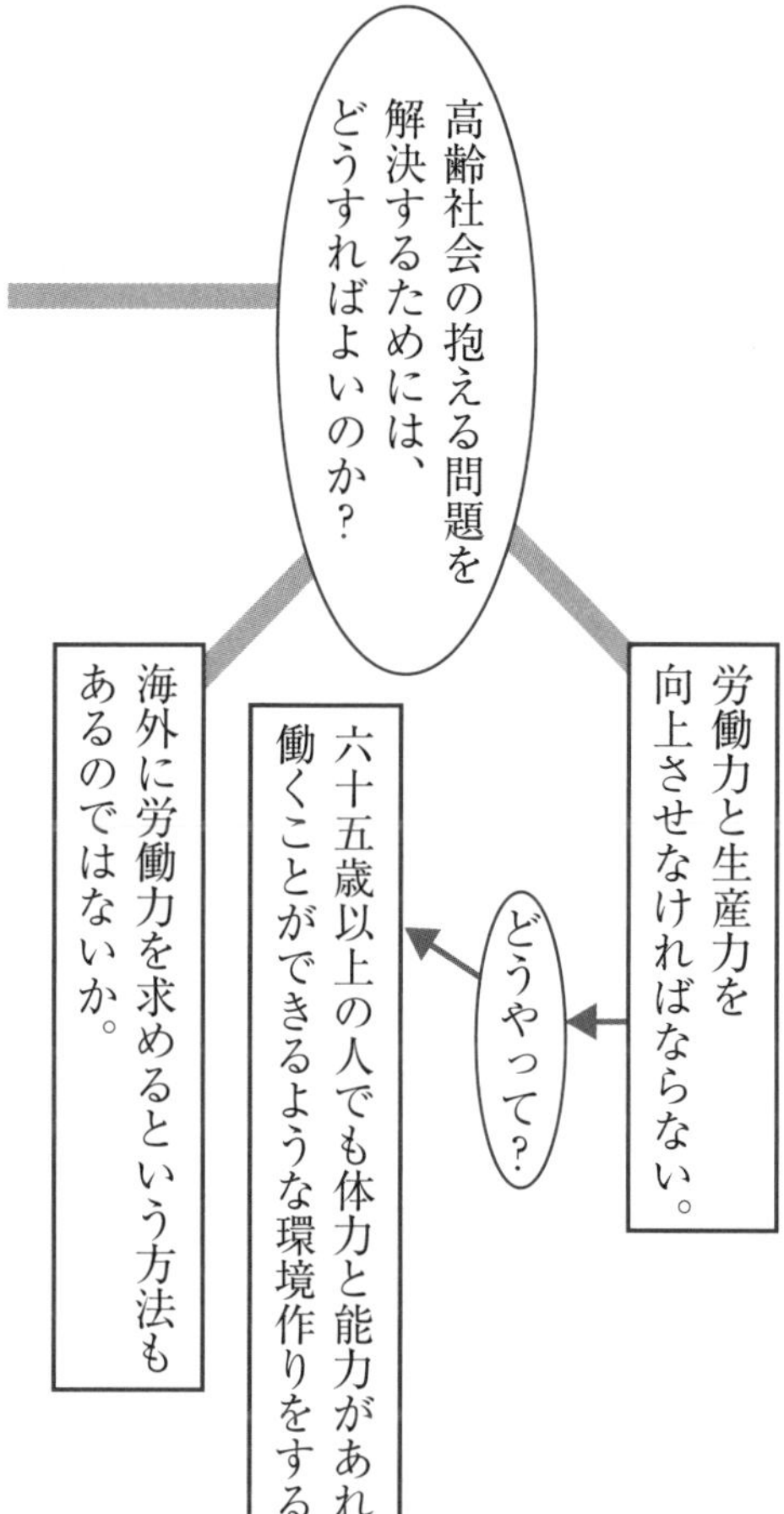
高齢社会の抱える問題を解決するためには、どうすればよいのか?
労働力と生産力を向上させなければならない。
どうやって?
六十五歳以上の人でも体力と能力があれば働くことができるような環境作りをする。
海外に労働力を求めるという方法もあるのではないか。

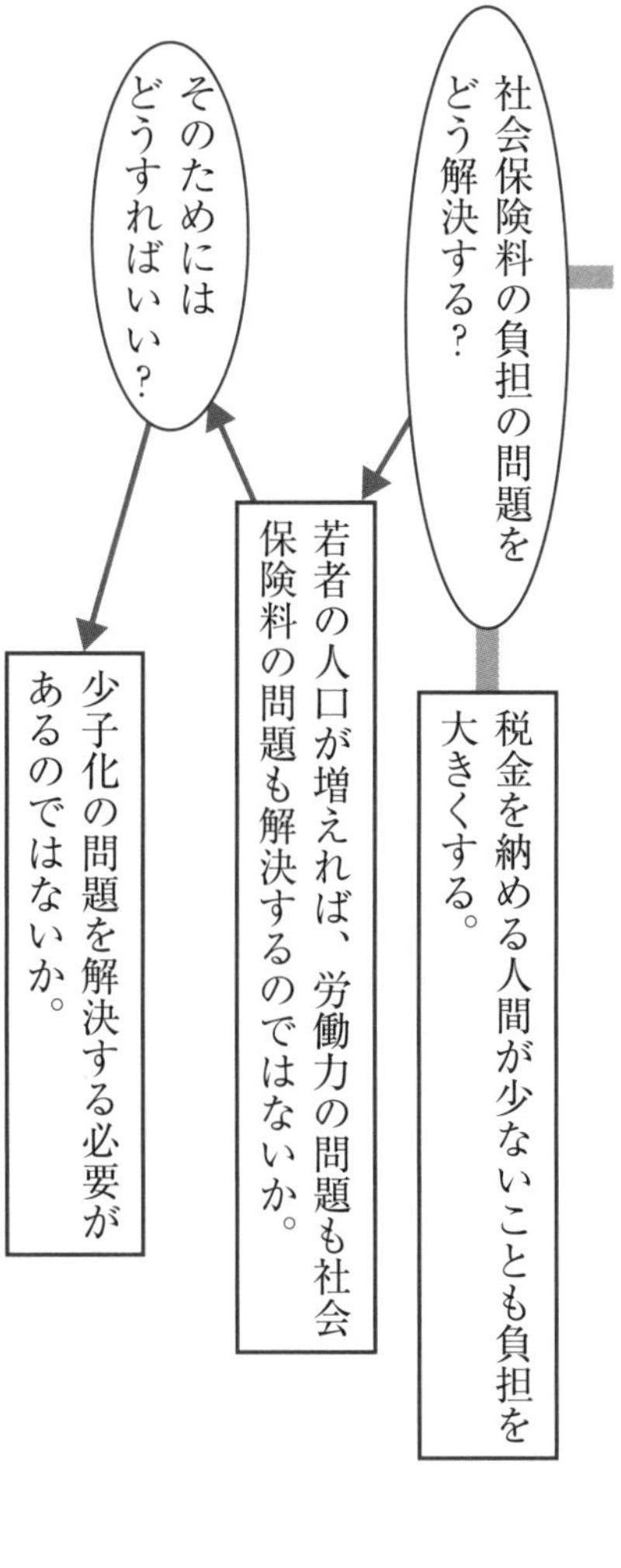
社会保険料の負担の問題を
どう解決する?
税金を納める人間が少ないことも負担を
大きくする。
若者の人口が増えれば、労働力の問題も社会
保険料の問題も解決するのではないか。
そのためには
どうすればいい?
少子化の問題を解決する必要が
あるのではないか。

ここまでくれば「問題提起」「展開」「結論」という小論文の流れのようなものが見えてきます。ブレインストーミングは、「○○とは何か?（定義）」「○○の何が問題となっているのか?（問題点）」「○○の問題を解決するにはどうすればよいのか?（解決策）」というような疑問を軸として、それに答える形で進めていくとよいでしょう。

そして小論文では独創的な意見が書かれていることが重要なポイントになるので、ブレインストーミングの中から独創的なアイデアをピックアップするようにします。

ブレインストーミングの方法

これまでの解説でブレインストーミングのやり方がほぼ理解できたと思います。

1. テーマについての背景知識をおさえる
2. ブレインストーミングを行う

← 複数の視点からアイデアを出し、検討して発展させていく。

- 「○○とは何か?」
- 「○○の何が問題となっているのか?」
- 「○○の問題を解決するにはどうすればよいのか?」

を軸としてアイデアを出していく。

※この時、独創的なアイデアを重視するようにする。

3. 「問題提起」「展開」「結論」という話の流れを見いだす

このように、ブレインストーミングは与えられたテーマをもとにアイデアを出していきながら、自分の考えをブラッシュアップさせていくうえで不可欠な作業なのです。

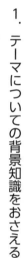

2 構成を考えてメモにまとめる

ブレインストーミングが終わったら、次は構成を考えながらメモにまとめます。

小論文試験において、内容面では次のような項目がチェックされているということは前にも述べました。

内容面での評価チェック項目

- □ 前向きな印象を与えるものになっているか？
- □ 教員にふさわしい内面的資質が備わっているか？
- □ 自分の考えを明らかにして、独創的に論じているか？
- □ 職務に就くうえで必要な知識を有しているか？
- □ 出題の意図を正しく理解しているか？
- □ 文章の流れは一貫したものになっているか？
- □ 具体的な例を挙げるなどして、客観的に書けているか？
- □ 問題点を明らかにして論じているか？
- □ 問題に対する具体的な解決策を提示できているか？

これらが評価の対象になるということを念頭に置き、何をどのように書いていくのか、構成を考えていきます。

文章の構成

文章の「起→承→転→結」の四部構成か、「序論→本論→結論」の三部構成にするとよいでしょう。

①「起→承→転→結」の四部構成のパターン

第一段落	起	**〈問題提起・話題の提示〉** 「○○のためにはどうすべきなのか」 「○○について、考えてみたい」	全体の10％
第二段落	↓ 承	**〈意見の提示〉** 「私は、△△と考える」	全体の30〜40％
第三段落	↓ 転	**〈展開〉** 「なぜなら〜〜だからである」 「しかし、××ということもある」	全体の30〜40％
第四段落	↓ 結	**〈まとめ〉** 「よって、私は□□と考える」	全体の10〜30％

②「序論→本論→結論」の三部構成のパターン

第一段落	**序論**	**〈問題提起・話題の提示〉** 「○○とはどういうことか」 「○○について、考えてみたい」	全体の10〜20％
第二段落	**本論**	**〈意見の提示〉** 「私は、△△と考える」 「なぜなら〜〜だからである」	全体の40〜70％
第三段落	**結論**	**〈まとめ〉** 「よって、私は□□と考える」	全体の20〜40％

四部構成でも三部構成でも、最初の段落で、これから何について論じていくのかを明らかにします。続く段落で自分の意見とその根拠を提示し、最後の段落で結論を述べる、というのが大まかな流れです。これが、小論文としては最もオーソドックスな構成パターンといえるでしょう。

また、構成を考えてメモにまとめる際には、それぞれの段落の分量についても意識する必要があります。各段落の目安を示しておきましたので参考にしてください。

構成を考える

では、先ほどブレインストーミングを行った「高齢社会」というテーマについて、構成を考えてみましょう。

背景知識

・総人口における高齢者（六十五歳以上の者）の占める比率（高齢化率）の高い社会。
・日本では、二〇一二年に六十五歳以上の人口が三〇〇〇万人を突破。
・家族の負担を軽減し、介護を社会全体で支えることを目的に、二〇〇〇年に介護保険法が施行。老人介護は社会保険によって行われることになった。

ブレインストーミングで出たアイデア

問題点

・高齢社会の何が問題なのか？
↓「労働力人口が減少することで生産力も低下する」
↓「生産力の低下は経済に打撃を与える」

↓「社会保障費の増加が、国の財政を圧迫する」
・高齢社会が抱える問題を解決するにはどうすればいいのか？
↓「労働力と生産力を向上させなければならない」

解決策

「六十五歳以上の人でも体力と能力があれば働けるような環境作りをする」
「若い労働力を確保する」
「社会保障費の財源を確保する」

結論

「少子化問題を解決していく必要がある」

ブレインストーミングの結果から、「高齢社会が抱える問題を解決するにはどうすればいいのか？」ということを問題提起とし（序論）、続いて問題を解決するための方策として考えたことを自分の意見として書き（本論）、最後に高齢社会が抱える問題を解決するためにすべきことを述べる（結論）、という「序論→本論→結論」の三部構成の形にまとめることができそうです。

メモにまとめる

以下のような構想を、メモにまとめていきます。

1　序論

高齢社会の何が問題なのか？

↓労働力人口が減少、経済活動の停滞、社会保障費の増加

高齢社会が抱える問題を解決するにはどうすればいいのか？

2　本論

労働力と生産力を向上させなければならない。

六十五歳以上の人でも働けるような環境作りをする。

社会保障費の財源を確保する。

3　結論

どうすればよいか？

少子化問題を解決していく必要がある。

メモにまとめる時の注意点

メモはあくまでも自分のための覚え書きです。自分がわかればよいので、細かく丁寧に書いて時間を使う必要はありません。大まかな流れと、各段落に何を書くかがわかるようにまとめましょう。メモには最低限、次の二つは記入する必要があります。

- 段落番号
- 各段落の大まかな内容

さらに、この時、次のことを確認しましょう。

- 出題の意図からはずれていないか？
- 文章の流れはよいか？
- 文章の流れに関係のない事例がまぎれこんでいないか？
- 事例を挙げるだけでなく、自分の意見や考えが書けているか？
- 問題を取り上げた場合、具体的に解決策を示せているか？

3 書く

ブレインストーミングを行い、構成を考えてメモにまとめることができたら、形式面でのチェック項目に注意しながら、実際に原稿用紙に書き始めましょう。

形式面でのチェック項目

- □ 原稿用紙を正しく使って書けているか?
- □ 誤字・脱字のない正しい文章が書けているか?
- □ 読みやすい字で丁寧に書けているか?
- □ 文章語（書き言葉）で書けているか?
- □ 正しい文法で書けているか?
- □ 文章は読みやすく書けているか?
- □ 文章の組み立てを考えて書けているか?

書くという作業は、意外に時間のかかるものです。普段手書きで文章を書くことの少ない人なら、なおさらそのように感じるでしょう。自分が原稿用紙一枚を書きあげるのにどれくらいの時間がかかるのか、あらかじめ把握しておく必要があります。指定の字数の八割は書かないと減点の対象になるので注意しましょう。

文章の書き出し

文章の全体の印象を決めるうえで重要になるのが書き出しの部分です。書き出しで問題提起や話題の提示をする方法には、次のようなパターンがあります。

●問題提起で始めるパターン

「○○のためにはどうすべきか」といった文章で始まるもので、最も基本的なパターンです。

●自分の体験とからめて語り始めるパターン

時事的な事柄、専門的な事柄に関する出題には向きませんが、個人的な事柄に関する出題の際には有効です。

●テーマに関する背景知識や定義を述べるパターン

テーマが難解なものやあいまいなもの、なじみのうすいものなどの場合に効果的です。

●テーマに対して逆説的なことを言って始めるパターン

世間一般の意見とは逆と思われる意見を提示することで、注意を引きつけることができます。ただし、うまく結論に結びつけることができないと、ただ非常識な印象を与えるだけで終わってしまうことになります。

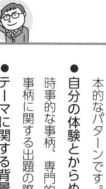

4 見直す

最後の作業は見直しです。内容面（82ページ）と形式面（89ページ）に挙げたチェック項目に従って見直しましょう。

さて、ここまで小論文を書くための四つのプロセスについて説明してきましたが、小論文試験の制限時間は30～90分間です。この四つのプロセスのそれぞれにどれくらいの時間をかけるのか、時間配分を考えて取り組むことが重要です。

60分間とした時の時間配分の例

① ブレインストーミング	十五分程度
② 構成を考えてメモにまとめる	二十分程度
③ 答案用紙に書く	二十分程度
④ 答案を見直す	五分程度

小論文の書き方が理解できたら、実際に書いてみましょう。第5章と第6章では、実践編として過去に出題された小論文試験に取り組んでいきます。

第5章

例題

› STEP1
› STEP2
› STEP3

本章では、小論文試験の頻出のテーマ※を取り上げて、高得点をねらえる小論文を書くために必要な事項を具体的に説明します。

※「テーマ」は、過去に出題された問題をもとにした予想問題です。

テーマ「友人について」

悪い例

❶|友人の定義はいろいろあるだろうが、一般的に友人といえば「気の合う人
❷」や「いつも身近にいてくれる人」ということになるだろう。しかし、むしろ「いつも身近にはいない人」や「気の合わない人」こそが、本当の友人であると私は考えている。
❸確かに、いつも身近にいてくれて気の合う人とはいっしょにいると楽しい
❷。しかし「いつも身近にいてくれる人」は、進路が分かれるなどして身近にいることができなくなる可能性がある。長い人生で起こるさまざまな出来事によって疎遠になってしまうこともある。一方で、近くにいることが

評価

構成	用法・語法	個性
A	C	B

テーマである「友人」の反対意見から論作を始め、無理なく自分の考えを主張した点は評価できる。原稿用紙の使い方に誤りがあると減点の対象になるので、注意しよう。

❶文章の書き始めを一字下げる。

❷句読点（、）（。）は行頭に置かず、行の最後のマスに一緒に置くこと。とじかぎかっこ（」）は行頭に置かないこと。

❸段落の最初は一字下げる。

できなくなっても、ずっと友達付き合いが続く人もいる。つまり、物理的に距離が離れたとしても友達付き合いの続く人こそ、本当の友人ではないか❹――と、私は考える。また、「気が合う人」とも、いつの間にか気が合わなくなってしまって自然と会う機会が減っていくことがある。気が合うということは自分と価値観が同じであるということである。同じ価値観を持つ者だけで集まっていても、自分自身は成長していかない。自分と異なる考えを持ち、それまでの自分の価値観を揺るがしてくれるような人、つまり、一見「気の合わない人」こそ、自分にとって良い友人となるのである。

「いつも身近にいてくれる人」「気の合う人」というのは、学生時代の一時の付き合いにすぎない場合もあるのではないだろうか？❺　私は、距離が離れても長く付き合いが続き、双方が成長できる「いつも身近にはいない人」「気の合わない人」こそ、真の友人、本当の意味で良い友人であると考える。

---

❹ 思考線（――）や思考点（……）を用いる時は二字分あてる。

❺ 感嘆符（!）や疑問符（?）などの記号類は用いない。

良い例

友人の定義はいろいろあるだろうが、一般的に友人といえば「気の合う人」や「いつも身近にいてくれる人」ということになるだろう。しかし、むしろ「いつも身近にはいない人」や「気の合わない人」こそが、本当の友人であると私は考えている。

確かに、いつも身近にいてくれて気の合う人とはいっしょにいると楽しい。しかし、「いつも身近にいてくれる人」は、進路が分かれるなどして身近にいることができなくなる可能性がある。長い人生で起こるさまざまな出来事によって疎遠になってしまうこともある。一方で、近くにいるこ

ここに注意！
レベルアップ講座

ここがポイント
文章の書き方の基本的なルールを守る

文章の書き始めと段落の最初の文字は、読みやすいように一字下げて書く。これは、小論文や作文など、日本語の文章における基本的なルールだ。かぎかっこの下の部分（」）をとじかぎかっこと呼ぶが、とじかぎかっこや句読点（、）（。）を行頭に置かないことも覚えておきたい。

ここがポイント
小論文は日本語だけで書く

小論文を書くときは、感嘆符（！）や疑問符（？）などの記号類は用いない。感嘆符や疑問符を用いなくても読んだ人に伝わるように、論旨を明確に書くことを心がけよう。思考線（――）や思考点（……）は使用できるが、二字分あてることを忘れずに。

とができなくなっても、ずっと友達付き合いが続く人もいる。つまり、物理的に距離が離れたとしても友達付き合いの続く人こそ、本当の友人ではないか――と、私は考える。また、「気が合う人」とも、いつの間にか気が合わなくなってしまって自然と会う機会が減っていくことがある。気が合うということは自分と価値観が同じであるということである。同じ価値観を持つ者だけで集まっていても、自分自身は成長していかない。自分と異なる考えを持ち、それまでの自分の価値観を揺るがしてくれるような人、つまり、一見「気の合わない人」こそ、自分にとって良い友人となるのである。

「いつも身近にいてくれる人」「気の合う人」というのは、学生時代の一時の付き合いにすぎない場合もあるのではないだろうか。私は、距離が離れても長く付き合いが続き、双方が成長できる「いつも身近にはいない人」「気の合わない人」こそ、真の友人、本当の意味で良い友人であると考える。

応用

例題で練習しよう

「友人と親友の違い」／「両親について」／「学生時代の忘れられない出来事」／「クラブ活動で学んだこと」／「恩師との思い出」

※　部分は、悪い例の修正部分

テーマ「あなたが経験した出来事の中で心に残ったものについて述べたうえで、そこから何を学んだかを述べよ」

悪い例

私は、中学、高校の合計❶6年向❷、陸上部に所属し、ずっと長距離を専問❸にして走ってきた。去年は、ついに目標であったフルマラソン完走を果たすことができた。この経験は今もなお色あせることなく、私の心に残っている。

陸上部に所属した中学一年生の春から、私は毎朝のジョギングを日課にしてきた。長距離走の最後になって失速することが多かったため、持久力をつけるために始めたことだった。最初は長い距離を走ることはできなかったが、だんだん走れる距離が長くなってきた。毎朝のジョギングを続

評価

構成	用法・語法	個性
A	C	B

自らの失敗経験を取り入れて書いたことで、小論文に説得力が増した。漢字の書き間違い、送り仮名の間違いなどがあると、全体の評価が低くなるので注意したい。

❶ 縦書きの場合は漢数字を使用。

❷ 略字の漢字は用いず、楷書（正しい字）で書く。

❸ 誤字は厳禁。特に同音意義語に注意すること。

❹ 送り仮名を正しく書く。

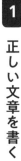

けることで、少しずつ自分に力がついてきていることが実感でき、うれしかった。そして、次第に「フルマラソンを完走したい」という夢を抱だく❹ようになった。しかし、陸上部に所属しているといっても、フルマラソンを完走するのは並大抵のことではない。一度挑戦したものの、途中でペースを崩して断念してしまい、ゴールにたどりつけなかった。だからこそ、去年、ねんがん❺の完走を果たしたときには、長年の努力が報われたと思い、非情❸にうれしかった。

「継続は力なり」という言葉があるが、フルマラソン完走という経験を通じて、何事もこつこつ続けることが大事であり、頑張り続けることで結果はついてくるということを、身をもって学んだ。私は此れ❺からも「継続は力なり」という言葉を信じて、何事もあきらめることなく励みたい。教員という仕事に就くようになったら、さまざまな困難が待ち受けていると思う。そんな時はこのフルマラソン完走の経験を思い出して頑張っていきたい。

---

❺ 一般的に漢字で書く言葉は漢字で、平仮名で表記する言葉は平仮名で書く。

良い例

私は、中学、高校の合計六年間、陸上部に所属し、ずっと長距離を専門にして走ってきた。去年は、ついに目標であったフルマラソン完走を果たすことができた。この経験は今もなお色あせることなく、私の心に残っている。

陸上部に所属した中学一年生の春から、私は毎朝のジョギングを日課にしてきた。長距離走の最後になって失速することが多かったため、持久力をつけるために始めたことだった。最初は長い距離を走ることはできなかったが、だんだん走れる距離が長くなってきた。毎朝のジョギングを続け

ここに注意！

レベルアップ講座

ここがポイント

正しい漢字を使って書こう

小論文で漢字を書くときは、楷書を心がけたい。原稿用紙が縦書きの場合、数字は漢数字で表記すること。たとえ文章の構成がしっかりしていても、漢字や送り仮名の間違いがあると、小論文としての評価は下がる。特に「門」「問」などの同音異義語に気をつけよう。

ここがポイント

普段から読書の習慣をつけよう

一般的に漢字で表記される言葉は漢字で、平仮名で表記される言葉は平仮名で書こう。普段から本を読む習慣をつけておくと、この言葉は漢字表記か平仮名表記かということや、漢字の送り仮名についても分かるようになる。

ることで、少しずつ自分に力がついてきていることが実感でき、うれしかった。そして、次第に「フルマラソンを完走したい」という夢を抱くようになった。しかし、陸上部に所属しているといっても、フルマラソンを完走するのは並大抵のことではない。一度挑戦したものの、途中でペースを崩して断念してしまい、ゴールにたどりつけなかった。だからこそ、去年、念願の完走を果たしたときには、長年の努力が報われたと思い、非常にうれしかった。

「継続は力なり」という言葉があるが、フルマラソン完走という経験を通じて、何事もこつこつ続けることが大事であり、頑張り続けることで結果はついてくるということを、身をもって学んだ。私はこれからも「継続は力なり」という言葉を信じて、何事もあきらめることなく励みたい。教員という仕事に就くようになったら、さまざまな困難が待ち受けていると思う。そんな時はこのフルマラソン完走の経験を思い出して頑張っていきたい。

応用 **例題で練習しよう**

「あなたが学生時代に経験した出来事から学んだことを述べよ」／「あなたが故郷で経験した忘れられない出来事と、それによって得た気づきについて述べよ」

STEP 1 文章語（書き言葉）で書く

テーマ「豊かさについて」

悪い例

国内総生産で世界第三位を誇る日本が豊かな国だということは間違いありません❶。しかし、人々が本当に豊かに暮らしていらっしゃる❷のかといえば、必ずしもそうでないように思います❶。それはいったいどうしてなのでしょうか❶。私は考えてみました❶。

その要因は、わが国が物質的には豊かであっても、精神的には豊かではないことにあると私的には❸思います❶。物質的な豊かさは必ずしも精神的な豊かさを生み出すものではぶっちゃけ❸ないようです❶。TV❹や新聞などでよく話題になっている「引きこもり」という現象は、わが国が物質的には豊

評価

構成	用法・語法	個性
A	C	B

最初に問題を提起し、「引きこもり」が起こる原因を分析、最後に意見を述べるという構成は評価できる。話し言葉ではなく、小論文らしい文章語（書き言葉）を使おう。

❶ 文体は「だ・である」調で書く。

❷ 小論文では敬語は用いない。

❸ 軽薄な印象を与えるので、流行語の使用は問題外。

❹ 略語は厳禁。この場合は「テレビ」と書くこと。

かである半面、精神的には貧しいという状況をよく表しているように思えます。だって、引きこもっていても生きていけるということは、衣・食・住に恵まれていて物質的には豊かだっていうことの表れだからです。でも、引きこもるということは精神的には飢え、すさんでいることの表れでもあります。また、外界との接触を断って引きこもる人が増えているということは、社会に対して大きな不安や不満を抱く人が多いということも示しています。「引きこもり」という現象は、今のわが国の問題を端的に表しているのではないかと思います。

真に豊かに生きるためには、物質面だけでなく精神面も大切であるということはいうまでもありません。また、個人のあり方と同時に、社会のあり方というものも重要になってきます。社会に対して希望を感じられるとき、自分の人生に対しても希望を抱きやすくなるのではないでしょうか。人生に希望を感じられるとき、人間はその希望に向かって充足して生きることができるのだと私は考えます。

❺話し言葉で書かず、文章語（書き言葉）を使用すること。

良い例

国内総生産で世界第三位を誇る日本が豊かな国だということは間違いない。しかし、人々が本当に豊かに暮らしているのかといえば、必ずしもそうでないように思う。それはいったいどうしてなのだろうかと、私は考えてみた。

その要因は、わが国が物質的には豊かであっても、精神的には豊かではないことにあると私は思う。物質的な豊かさは必ずしも精神的な豊かさを生み出すものではないようである。テレビや新聞などでよく話題になっている「引きこもり」という現象は、わが国が物質的には豊かである半面、

ここに注意！

レベルアップ講座

ここがポイント

「だ・である」調で意見や主張を明確に

小論文は作文のように自分の気持ちを伝えるものではなく、読んでいる人に意見や主張を伝えるもの。したがって、「です・ます」調ではなく、「だ・である」調を用い、敬語は使用しない。明確な文章で、自分の意見や主張をはっきりと書くことを心がけよう。

ここがポイント

文章語（書き言葉）を使って書く

文章に話し言葉は用いず、文章語（書き言葉）で書くことが大前提。小論文はエッセイではないので、日常生活で無意識に使っている略語や、流行語を使わないように気をつけたい。

精神的には貧しいという状況をよく表しているように思える。なぜなら、引きこもっていても生きていけるということは、衣・食・住に恵まれていて物質的には豊かであるということの表れだからである。しかし、引きこもるということは精神的には飢え、すさんでいることの表れでもある。また、外界との接触を断って引きこもる人が増えているということは、社会に対して大きな不安や不満を抱く人が多いということも示している。「引きこもり」という現象は、今のわが国の問題を端的に表しているのではないかと思う。

真に豊かに生きるためには、物質面だけでなく精神面も大切であるということはいうまでもない。また、個人のあり方と同時に、社会のあり方というものも重要になってくる。社会に対して希望を感じられるとき、自分の人生に対しても希望を抱きやすくなるのではないだろうか。人生に希望を感じられるとき、人間はその希望に向かって充足して生きることができるのだと私は考える。

応用　例題で練習しよう

「優しさについて」／「常識について」／「挑戦について」／「成長について」／「生きがいについて」／「人生について」／「成功について」／「満足について」／「感謝について」

テーマ「コミュニケーションにおいて大切なこと」

悪い例

コミュニケーションは、情報を伝達しあうことの他に、意思や感情を伝えあうことにおいてとても重要だ。さまざまなコミュニケーション手段を❶発達した現代では、状況に応じた手段を選択し、用途にあった工夫をされ❷る努力が必要だろう。

❸ならば、メールにおいての絵文字機能はその工夫の一つではないだろうか。友人にメールを送る際に絵文字を用いずに送ったところ、すぐに電話をもらい、怒っているのかどうかを尋ねられたことがある。これは私の感情が文字以外に現れず、感情表現が少なかったために誤解が生んで❷しまっ

評価

構成	用法・語法	個性
A	C	B

日常生活をテーマにつなげ、体験を交えて構成した点は評価できる。助詞や動詞の使い分けの誤り、ふさわしくない接続語や修飾語が気になるので、正しい文法を使用したい。

❶ 助詞（てにをは）を正しく使う。

❷ 自動詞、他動詞の使い分けに注意する。

❸ 前後の文章をスムーズにつなぐため、ふさわしい接続語を選ぶ。

たのだ。友人は私の電話口の声音からすぐに誤解を解いてくれたが、実際に会って話していれば、表情からも私の感情が相手に伝わり、誤解自体が生じなかっただろう。会えなくとも絵文字を使えば、怒っているとは思われなかったはずである。私たちはコミュニケーションを言葉だけではなく、さまざまな要素によって補い、意思疎通しているのである。この出来事を通して、今さらながら私はそう確信した。

現代はコミュニケーション手段が増え、どこにいても浅く❹連絡が取れるようになった。その反面、それぞれの手段の特性を考えた表現の工夫をしなければ、相手に誤解なく意思伝達することは難しい。誤解が生じていることにすら気付かないこともあるだろう。コミュニケーションの原型は会って話した❺ことであり、そうでない場合は、何が表現として欠けているのかを意識し、補うよう努力すべきだ。コミュニケーションが容易にとれる時代だからこそ、その大切さについて改めて考える必要があるように思う。

❹修飾語の選び方に注意。正確に文意を伝えるためには、適切な修飾語を用いること。
❺過去形、現在形など動作・作用の時間関係に気をつける。

良い例

コミュニケーションは、情報を伝達しあうことの他に、意思や感情を伝えあうことにおいてとても重要だ。さまざまなコミュニケーション手段が発達した現代では、状況に応じた手段を選択し、用途にあった工夫をする努力が必要だろう。

例えば、メールにおいての絵文字機能はその工夫の一つではないだろうか。友人にメールを送る際に絵文字を用いずに送ったところ、すぐに電話をもらい、怒っているのかどうかを尋ねられたことがある。これは私の感情が文字以外に現れず、感情表現が少なかったために誤解が生じてしまっ

ここに注意！

レベルアップ講座

ここがポイント **読みやすい文章を心がける**

日本語の文章は、助詞（てにをは）が間違っていると意味が分かりにくくなる。書き終わったら何度も読み返して、不自然な点がないかチェックしよう。自動詞、他動詞の使い分けにも注意して、読みやすい文章を心がけたい。

ここがポイント **前後のつながりにふさわしい修飾語を**

前の文章と後の文章をスムーズにつなげるため、ふさわしい接続語を選ぼう。具体例を示すための接続語は、「ならば」ではなく「例えば」。修飾語は、文章の意図を明確にするための重要な要素なので、よく考えて使おう。

応用 **例題で練習しよう**

「会話において大切なこと」

たのだ。友人は私の電話口の声音からすぐに誤解を解いてくれたが、実際に会って話していれば、表情からも私の感情が相手に伝わり、誤解自体が生じなかっただろう。会えなくとも絵文字を使えば、怒っているとは思われなかったはずである。私たちはコミュニケーションを言葉だけではなく、さまざまな要素によって補い、意思疎通しているのである。この出来事を通して、今さらながら私はそう確信した。

現代はコミュニケーション手段が増え、どこにいても簡単に連絡が取れるようになった。その反面、それぞれの手段の特性を考えた表現の工夫をしなければ、相手に誤解なく意思伝達することは難しい。誤解が生じていることにすら気付かないこともあるだろう。コミュニケーションの原型は会って話すことであり、そうでない場合は、何が表現として欠けているのかを意識し、補うよう努力すべきだ。コミュニケーションが容易にとれる時代だからこそ、その大切さについて改めて考える必要があるように思う。

／「意思疎通において重要なこと」／「相互理解において欠かせないこと」／「相手の話を聞く力を身につけるために必要なこと」

テーマ「社会人として必要なこと」

悪い例

社会人の定義はさまざまあるだろうが、私は、社会人とは社会とかかわりを持ち、労働を通じて社会に対して貢献している人のことを指すと考える。それでは、このような社会人となるためには、いったいどんなことが必要なのだろうか。

社会人として働くうえで最も❶マストなものは、それぞれが責任感を持つことはないかと思う。私は学生のときに、飲食店でアルバイトをしていたことがある。アルバイトというものは、社会人になるために❷人生という名のはしごを一段、また一段と上ることだと思うのだが、アルバイトをした

評価

構成	用法・語法	個性
C	C	B

重複する表現が多く、文章の意味が取りにくい。読みやすく、論旨が明確になるよう重複を省き、文章を適度に分けるようにしたい。カタカナの使用はできるだけ控えよう。

❶ カタカナを使いすぎないように注意。「アルバイト」など、日本語として定着している言葉以外は使用を控える。

❷ 小論文に文学的な表現は不要。個性は内容でアピールしたい。

ときに感じたのは、自分の業務に対して背負う責任のヘビーさである。❶社会人は労働に対して報酬を得る。そして、多くの場合、組織に所属している。そのために、❸自分の行為によって生じた結果に責任を持つことが、学生よりも社会人には強く要求されているのだと感じた。組織に所属する人間が無責任な行動をとれば、組織に大きなダメージ❶を与えることになってしまう。社会人として❸自分の行為によって生じた結果に責任を持って働くということは、教師になったとき、仕事の使命感や誇り、子どもに対する愛情や責任感などを意識して行動することにつながるはずである。

社会人は、生産活動や教育、福祉、サービスなど、社会を構成するさまざまな面にかかわり、❹社会を支えている人間であるからこそ、社会人の一人ひとりが、責任感を持って働くことが重要となるので、私は、今春学校を卒業すると同時に社会人となるわけだが、責任感を持って働くということを肝に銘じて、教師としてしっかりと任務を全うしていきたいと思う。

---

❸同じような表現が続くと言いたいことがぼやけてしまうので、重複表現を避ける。

❹修飾する部分や、主語や述語にあたる部分が長すぎると、意味が取りづらくなる。適度に文を分けて、わかりやすい表現を心がける。

良い例

社会人の定義はさまざまあるだろうが、私は、社会人とは社会とかかわりを持ち、労働を通じて社会に対して貢献している人のことを指すと考える。それでは、このような社会人となるためには、いったいどんなことが必要なのだろうか。

社会人として働くうえで最も必要なものは、それぞれが責任感を持つことではないかと思う。私は学生のときに、飲食店でアルバイトをしていたことがある。アルバイトというものは、社会人になるための一種の準備段階であると思うのだが、アルバイトをしたときに感じたのは、自分の業務

ここに注意！

レベルアップ講座

ここがポイント **カタカナは最小限に**

日常会話で使っていても、「マスト」のように日本語として定着していないカタカナは、論作文では使用を控える。基本的に漢字と平仮名で表現したい。

ここがポイント **重複表現は避ける**

同じような表現が何度も出てくると読みにくく、論旨が明確な文章にならない。文章は適度に分けて、意味がとりやすい表現を心がけよう。文学的な表現は避け、平易な文章で分かりやすく書こう。

応用 **例題で練習しよう**

「学生と社会人の違い」／「社会人に求められるもの」／「教員に必要なこと」

に対して背負う責任の重さである。社会人は労働に対して報酬を得る。そして、多くの場合、組織に所属している。そのために、自分の行為によって生じた結果に責任を持つことが、学生よりも社会人には強く要求されているのだと感じた。組織に所属する人間が無責任な行動をとれば、組織に大きな損害を与えることになってしまう。社会人として責任感を持って働くということは、教師になったとき、仕事の使命感や誇り、子どもに対する愛情や責任感などを意識して行動することにつながるはずである。

社会人は、生産活動や教育、福祉、サービスなど、社会を構成するさまざまな面にかかわり、その社会を構成し、かつ支えている人間である。だからこそ、社会人の一人ひとりが、責任感を持って働くことが重要となる。私は、今春学校を卒業すると同時に社会人となるわけだが、責任感を持って働くということを肝に銘じて、教師としてしっかりと任務を全うしていきたいと思う。

STEP 1 文章の組み立てを考えて書く

テーマ「私がやりがいを感じるとき」

悪い例

❶ 自宅の大掃除をするとき、好きな音楽を流しながら取り組む。そして、「このアルバムを一枚聴き終わるまでに、この部屋の片づけを終える」という目標を立てる。もちろん、作業量を考えて、目標は少し高めに設定するようにする。かといって、雑に終えるのでは意味がない。どうすれば無駄がなく、効率のよい作業ができるかを考えながら、時に進捗を確かめ、それが順調でなければ計画を修正しながら、取り組んでいくのである。

❶ 私は何かに取り組むとき、いつも自分の中に到達目標を設定するようにしている。そして、それをクリアしていくことに、とてもやりがいを感じ

❷

評価

構成	用法・語法	個性
C	B	B

自分のポリシーをテーマにつなげているのは説得力があるが、文頭の具体例が唐突で、結論が最終段落にないなど、文章の構成が分かりにくい。理解しやすい文章を心がけよう。

❶ 冒頭の文章は主語がないので文の意味が分かりにくい。文章と文章の間に接続語などを用いて、わかりやすい文章を書くこと。

❷ この場合は、テーマについての所見を述べた後に具体的な例を挙げるなど、効果的な文章の構成を考えよう。

ている。

❶自分の中に到達目標を設定して物事に取り組むと、億劫だった事柄も、わりとスムーズに片づくことが多いように思われる。自分への挑戦のような気持ちで取り組むので、作業を終えた後はいつも清々しい気持ちになり、気分がよい。私は、この方法は社会に出て仕事をする場面にも、応用できると考えている。どうしたら子どもたちや保護者のニーズに迅速に応えられるか、どうしたら子どもたちや保護者に公平に対応できるかなど、自分なりの目標を立ててやり方を考え、時にはチームのメンバーと協力して達成していくことが必要だと考える。

これは一人よがりな考えかもしれないが、報酬を得て業務にあたる場合、人から感謝されることだけにやりがいを感じるのは、教員として適切なことではないと思う。数人で業務にあたるときは、相談しあってチームの目標を立てればよい。その目標を超えるべく全員で協力しあうことで、楽しみながら、さまざまな仕事をこなしていければよいと思う。

❸

❸結論にあたる部分は途中の段落で書かず、最終段落で述べる。

良い例

私は何かに取り組むとき、いつも自分の中に到達目標を設定するようにしている。そして、それをクリアしていくことに、とてもやりがいを感じている。

例えば、自宅の大掃除をするとき、好きな音楽を流しながら取り組む。そして、「このアルバムを一枚聴き終わるまでに、この部屋の片づけを終える」という目標を立てる。もちろん、作業量を考えて、目標は少し高めに設定するようにする。かといって、雑に終えるのでは意味がない。どうすれば無駄がなく、効率のよい作業ができるかを考えながら、時に進捗を

序論

解答例から学ぶ

レベルアップ講座

ここがポイント

文章のつながりを考える

具体例を挙げる場合は「例えば」、前の文章の事柄を受け、結果を述べる時は「こうして」など、ふさわしい接続語を使用しよう。

ここがポイント

文章の構成を明確に

「テーマについての所見を述べてから具体例を挙げる」「結論は最終段落で述べる」など、読みやすく分かりやすい文章の組み立てを考えよう。

ここがポイント

三部構成でまとめる

八〇〇字程度の小論文であれば、「序論→本論→結論」の三部構成がまとめやすい基本パターン。

序論　テーマに対する考え
（どうすれば、やりがいを感じるのか）

本論　その考えに至る理由

確かめ、それが順調でなければ計画を修正しながら、取り組んでいくのである。

こうして物事に取り組むと、最初は億劫だった事柄も、わりとスムーズに片づくことが多いように思われる。自分への挑戦のような気持ちで取り組むので、作業を終えた後はいつも清々しい気持ちになり、気分がよい。

私は、この方法は社会に出て仕事をする場面にも、応用できると考えている。これは一人よがりな考えかもしれないが、報酬を得て業務にあたる場合、人から感謝されることだけにやりがいを感じるのは、教員として適切なことではないと思う。どうしたら子どもたちや保護者のニーズに迅速に応えられるか、どうしたら子どもたちや保護者に公平に対応できるかなど、自分なりの目標を立てて、達成していくことが必要だと考える。数人で業務にあたるときは、相談しあってチームの目標を立てればよい。その目標を超えるべく全員で協力しあうことで、楽しみながら、さまざまな仕事をこなしていければよいと思う。

本論　結論

（具体的な事例で根拠を示す）

結論　まとめ（教員としてのやりがいにつなげる）

応用　例題で練習しよう

「私が満足感を得る時」／「私が喜びを感じる時」／「私が希望を感じる時」／「私が誇りに思う時」

STEP 2 自己の内面をアピールして書く①

テーマ「あなたが人に誇れるもの」

悪い例

❶私は立派な人間ではないので、これといって人に誇れるようなものなど何もない。❶しかし、強いて言うならば、忍耐強さという点に関しては、人に誇っても良い美徳なのではないかと思っている。私はこれまで、どれほど困難なことがあったからといって、何かを途中で投げ出すようなことは❷してこなかったつもりである。どれほど大変なことであっても、最後まで❷やりとおしてきたと思う。私がそうしてきたのは、結果は最後までわからないと思うからである。

こうした考えを持つようになったのは、中学時代の部活での経験が大き

評価

構成	用法・語法	個性
C	C	B

自らの経験を書いたことは評価できるが、断定を避けたり、謙遜したりするのは論旨があいまいになったり、優柔不断な印象を与えるので注意したい。

❶謙虚さをアピールしようとしたのかもしれないが、論作文試験で謙遜する必要はない。言い訳がましく聞こえて、かえって印象を悪くしかねない。

❷自分のやってきたことに対しては、はっきりと言い切ることで強い印象を残せる。

い。私はテニス部に所属していたのだが、部活内での人間関係に悩み、何度か退部することを考えた。だが、途中で辞めるような中途半端なことはしたくないと思い、最後まで続けた。そのうちに、対立していた人物とのわだかまりが解けていき、引退を迎えるころには、お互いのことをかけがえのない仲間と思えるようになっていた。今も親交のあるこのときの部活仲間は、私を支えてくれる大切な存在である。

この中学時代の経験は、現在の私の糧になっている。❶人のことをどうこう言える立場の人間ではないが、私は❸物事を途中で投げ出す人間を好まない。しかし、最近は、簡単に❸物事を投げ出して、自らチャンスを逃してしまう人があまりにも多いのではないかと思う。それでは何も得ることはできないのではないだろうか。どんなに大変なことでも最後まで❸やりとおすことで、何かしら得られるものが必ずあるはずである。❹くどくどと同じようなことを語ってしまったが、忍耐強く物事を❸やりとおすこと、これが私の誇りとすることである。

❸「物事を投げ出す」「やりとおす」など同じような表現はなるべく繰り返さないように注意。同じような意味でも別の言葉を探そう。

❹「くどくどと語ってしまった」のような断り文句は不要。簡潔に主張したいことだけを書くこと。

良い例

私が人に誇れることを考えたとき、確かに言えることが一つある。それは忍耐強いということである。私はこれまで、どれほど困難なことがあったからといって、何かを途中で投げ出したりあきらめたりするようなことはしてこなかった。どれほど大変なことであっても、最後までやりとおしてきた。私がそうしてきたのは、結果は最後までわからないと思うからである。

こうした考えを持つようになったのは、中学時代の部活動での経験が大きい。私は硬式テニス部に所属していたのだが、部活内でのある同級生と

ここに注意！

レベルアップ講座

ここがポイント

はっきりと言い切ることが大事

人と話をするとき、つい「～だと思うけど」とか「～じゃないかな」などと断定を避けることがあるが、論作文においてはこれは禁物。何を言いたいのかあいまいになるので、はっきりと言い切るようにしたい。

ここがポイント

論作文に謙遜表現は不要

人間関係において謙遜は美徳だが、論作文には不要。論作文の評価のポイントは、その人の意見や主張がどう表現されているかだということを忘れないようにしよう。

ここがポイント

同じ意味でも別の言葉を探す

短い文章の中で、同じ言葉を繰り返すと、くどい印象を与えるし、文章のリズムが悪くなる。同じような意味でも別

の人間関係に悩み、何度か退部することを考えた。だが、せっかく入ったテニス部を途中で辞めるような中途半端なことはしたくないと思い、最後まで続けた。そのうちに、対立していた人物とのわだかまりが解けていき、引退を迎えるころには、お互いのことをかけがえのない仲間と思えるようになっていた。今も親交のあるこのときの部活仲間は、私を支えてくれる大切な存在である。

この中学時代の経験は、現在の私の生きる糧になっている。私は自分が何かから逃げたり、あきらめたりすることをしないと決めているがゆえに、物事を途中で投げ出す人間を好まない。しかし、最近は、簡単に物事を放り出して、自らチャンスを逃してしまう人があまりにも多いのではないかと思う。それでは何も得ることはできないのではないだろうか。どんなに大変なことでも最後までやり切ることは、教師になる上で重要なことであるはずだ。忍耐強く子どもたちに向き合うこと、これが私の誇りとすることである。

の言葉を探そう。

応用

例題で練習しよう

「私の長所と短所」／「私が一番感謝したい人」／「友人との絆を感じたこと」

STEP 2 自己の内面をアピールして書く②

テーマ「チームワークの大切さについて述べよ」

悪い例

社会人として組織で働くうえで、チームワークは非常に重要である。周囲の人たちとの協力がなければ、良い仕事というものはできないからだ。特に教員として働くうえでは、職場の同僚とのチームワークは不可欠なものとなるだろう。

教育の現場においては、子どもたちが安心して過ごせる環境が第一に確保されなければならない。教員同士の連携がうまくいかず、トラブルや事故を招いてしまうというケースもないとは言い切れない。また、チームワークが悪ければ、情報やノウハウの伝達も十分に行われず、教育の質が

評価

構成	用法・語法	個性
C	C	B

一方向からしか物事を見ていない印象を受ける。また、自分を大きく見せようと自画自賛したり、あからさまに自分を売り込んだりする表現も評価されない。

❶ 個人プレーは絶対的に悪であるという一方的な意見は、視野の狭さを感じさせる。

❷ 自画自賛は自己認識が甘いと思われる。客観的な視点を持つことが大事。

❸ 露骨に自分を持ち上げるのは印象がよくない。ここで

低下してしまう心配もある。

このように、チームワークは教員にとってとても重要なものであるが、そのチームワークを維持するうえで必要不可欠なのが協調性であると考える。その集団の中に協調性のない人間が一人いるだけで、チームワークは乱れてしまう。❶私は、どんなときでもチームワークを最優先にしていかなければならないと考えている。特に仕事においては、個人プレーはチームワークを乱す元であり、絶対に避けなければならない行為だ。

その点において、❷私という人間は、個人プレーに走ることもなく、穏やかで人に好印象をもたれやすいと思われる。それに加えて、私は、どんなときにも協調性を忘れずにいる自信がある。私は学生時代に所属していた野球部でも、またクラスにおいても、集団の和を乱したことは一度もない。❸チームワークが必要となる教員としては、最適の人材なのではないだろうか。


はチームワークのために自分のするべきことなどを書くようにしたい。

良い例

社会人として組織で働くうえで、チームワークは非常に重要である。周囲の人たちとの協力がなければ、良い仕事というものはできないからだ。特に教員として働くうえでは、職場の同僚とのチームワークは不可欠なものとなるだろう。

教育の現場においては、子どもたちが安心して過ごせる環境が第一に確保されなければならない。教員同士の連携がうまくいかず、トラブルや事故を招いてしまうというケースもないとは言い切れない。また、チームワークが悪ければ、情報やノウハウの伝達も十分に行われず、教育の質が低

ここに注意！

レベルアップ講座

ここがポイント 一方向からの意見は避ける

世の中には右の意見があれば、必ず左の意見を持つ人もいる。論作文の中で意見を述べるときは、一方向からだけの見方で論じないで、必ずもう一つの見方もあることを示そう。

ここがポイント 自己分析は客観的に

自らのことを書くのは難しいものである。自分を売り込みたい気持ちが勝って自画自賛に走ったり、あからさまに自分の良さをアピールするのは逆効果。自己分析を書くときは、客観的な視点を忘れずに。

応用 例題で練習しよう

「社会人にとって最も大切なことは何かについて述べよ」／「あなたが教員として社会に貢献できると思うことについて述べよ」／「これまでに

下してしまう心配もある。

このように、チームワークは教員にとってとても重要なものであるが、そのチームワークを維持するうえで必要不可欠なのが協調性であると考える。その集団の中に協調性のない人間が一人いるだけで、チームワークは乱れてしまう。私は、チームワークを維持するためには、独りよがりな行動は控えるべきだと考える。個人プレーが必要な場面もあるだろうが、自分勝手な個人プレーはチームワークを乱すものであり、避けるべき行為だ。

結局、協調性とは、周囲への気遣いができるかどうかという点にかかわってくると私は考えている。私は、学生時代に所属していた野球部でも、またクラスにおいても、むやみに集団の和を乱すことのないように、周囲の人間に対する配慮を忘れないように心がけてきた。子どもたちのためになる良いチームワークを維持したクラス運営ができるよう、今後も周囲への気遣いを忘れずにいたいと思う。

「あなたが勇気をもってチャレンジしたことについて述べよ」

STEP 2 自己の内面をアピールして書く③

テーマ「恩師について、あなたの考えを述べよ」

悪い例

❶私にとって恩師と呼べるのは、高校の日本史の先生かもしれない。三年間、親しく接してきたような気がする。❷授業のあとも質問があれば、かなりの時間つきあってくれたり、生徒の質問が返答に窮するような場合でも一生懸命考えてくれ、返答を回避するようなことはなく、「それは、君たちが大人になればわかる」とごまかすことのない先生で、その場で答えが出ないときは、「これは先生の宿題だ、もう少し考えさせてくれ」と返答する、誠実な先生だった。

私は、歴史について先生に絶えず質問していた。❸今考えると、かなり答

評価

構成	用法・語法	個性
B	C	C

恩師から学んだ教育観については書かれているが、恩師への思いやエピソードが曖昧だ。また、政治や宗教に関しては、固執した考え方に偏ることのないように気をつけたい。

❶自分の思いを伝える場合、「～かもしれない」「～な気がする」などのようなあいまいな表現は避け、明確に言い切ることが大切だ。

❷恩師の行動については敬語を使うこと。また、ひとつの文章の段落が長過ぎると要点が伝わりにくいので、

えづらい質問をしていたと思う。先生はいつも、そうした私の質問に対し、うなずきながら真剣に聞いてくれた。

❹リベラリストの先生には、政治批判は必要だが、民族や国家に対する誇りは大切なものだと教えられた。先生はまた、現在の私たちが、アジア諸国を弱小国のように考えている同情心の裏側にある差別についても触れ、明治初期には、日本が先進国に対し、どのような憧れを持っていたかについても詳しく話された。また、日清戦争や日露戦争は、没落する清王朝やニコライ王朝との戦争に勝っただけであって、現在の漢民族の中国やロシア民衆との戦争に勝ったのではないと語られた。国際的視点は大切だが、アジアの中の日本という問題を抜きにすると、単なる思い上がりに終わることも、先生から学んだ。

私は、軍国主義につながるナショナリズムとしてではなく、世界中の民衆が祖国を愛するように、日本を誇りに思うことから始まるような国際教育を目指したいと考える。

いくつかに区切ることを心掛けたい。

❸「かなり答えづらい質問」とは何か、具体的な事例を挙げて説明することで説得力が増してくる。

❹政治観や宗教観を題材にすると偏った考え方になる場合があるので、論作文としては避けた方が良い。

良い例

私の恩師は、高校の日本史の先生である。先生とは三年間、親しく接してきた。授業のあとも質問があれば、かなりの時間つきあってくださった。生徒の質問が返答に窮するような場合でも一生懸命考えてくださり、返答を回避するようなことはなかった。「それは君たちが大人になればわかる」とごまかすこともなく、その場で答えが出ないときは、「これは先生の宿題だ、もう少し考えさせてくれ」と返答する、誠実な先生であった。

私は、歴史について先生に絶えず質問していた。今考えると、かなり答えづらい質問をしていたと思う。織田信長は正しいのか間違っているのか、

解答例から学ぶ

レベルアップ講座

ここがポイント

恩師から学んだことを明確にアピール

恩師は、自分が教師を目指すにあたって影響を受けた大切な存在であり、常に尊敬の念を持って語ることが大切だ。また、恩師から学んだことは、自分の教育観の礎となっていることが多い。その部分を明確にしないと、自分が目指す教師像の説得力に乏しく、意識の高さも感じられなくなる。表現としては、事実に即した自分の思いは、決してあいまいな表現ではなく、強い意志を持って断定的に語ること。また、具体的な事柄を書くことで、恩師像がはっきりと見え、自分の思いも判然と伝わるようになる。

ここもチェック

ひとつの偏った考えに啓蒙しないこと

自分が恩師から学んだように、生徒や児童をいい方向に啓蒙することは必要だが、ひとつ

幕末の佐幕派は本当に間違いなのか、近代以降の日本の戦争を悪だとするなら、その結果に生まれてきた私たちはどのように歴史と対さなければならないのか。こうした質問を、私は繰り返し先生に尋ねていた。先生はいつも、そうした私の質問に対し、うなずきながら真剣に聞いてくださった。

また、先生は、私だけではなく、他の生徒への接し方も印象に残っている。それは、先生が教室だけでなく、廊下ですれちがう様々な生徒にも、先生自身から声をかけるタイプの教師だったからだ。挨拶は勿論、「お、元気か？」と生徒に軽く声をかけたり、「大丈夫か」と声をかけたりされていた。今、振り返ると、それは先生なりの生徒の状態を把握するやり方だったのだと思う。先生は他の生徒の相談にもよくのられていたからだ。

今、生活環境や教育環境は私が高校生だった頃とは異なり、様々な家庭環境があり、SNSなど様々な娯楽もあると思う。その分、色々な生徒がいると考えている。私はそんな様々な生徒に寄り添い、生徒個別の疑問や不安に誠実に向き合い、支えられる教師になりたいと思う。

の固執した考えに啓蒙することは不適切である。特に政治観や宗教観に関して、ひとつの色合いが強く出るような表現は避けたい。

恩師を尊敬することは一つとは限らない。いくつか述べることにより、自分のめざす教師像の幅を広げよう。

ここがポイント

全体の構成

自分の教師観の基礎となる恩師との関わりから、恩師とのエピソードやそこで学んだ具体的なこと。そして最後に、自分の理想とする教師像につながるようにまとめられれば完璧だ。

応用

例題で練習しよう

印象に残った学校での思い出／学友たちとの交流／学校で学んだこと／なぜ教師を目指したか

STEP 2 アイデアの斬新さを問う①

テーマ「ボランティア活動について述べよ」

悪い例

ボランティア活動に励むことはすばらしいことである。ボランティアの根底にあるのは、助け合いの精神である。❶だれかを助けたい、だれかの役に立ちたいという精神は、崇高なものであると考える。

最近は助け合いの精神がなくなってきているともいわれているが、平成二十三年の東日本大震災のとき、被災地である東北地方に、多くのボランティアがかけつけた。中には、準備不足だったり何をしたらよいのかわからなかったりという人もいて、かえって被災者に迷惑をかけてしまったこともあったということだが、私は、❷それでもだれかを助けたい、だれかの

評価

構成	用法・語法	個性
B	B	C

論作文で問われる、内容のユニークさや客観性などの視点に足りない部分が見受けられる。一方向の意見に終始せず問題点を提起をすることで論旨をはっきりさせることも重要。

❶ボランティアを無条件で賞賛していて見方が一方的。問題提起をすることで、論文全体の論旨が明確になると同時に、より深みのある文章構造にできる。

❷ボランティアすること自体を目的とするような姿勢を肯定しているのは問題。物

役に立ちたいという思いで行動したことは、それだけですばらしいことだったと思う。そしてその崇高な精神の在り方は、相手にも必ず伝わったはずだ。❶ボランティア活動は、する側もされる側も、幸せになる行為である。ボランティア活動に対して単位認定を行ったり、課外活動などに組み込んだりしている学校もあるが、こういったことが盛んになるのは❸良い傾向だと私は考えている。ボランティア活動に対する関心を高め、そのすそ野を広げることになるばかりでなく、活動に参加することで満足感や達成感を得られるに違いないからだ。

❸人間は一人では生きられない。だれもがだれかに助けられながら生きている。人の役に立ち、人を助けていることを実感できるボランティア活動は、いわば生きる喜びを実感させてくれる活動でもある。

事を客観的に判断する分析的な視点がほしい。

❸きれいごとを並べている印象。道徳を説くだけでは何かを論じていることにならない。自分オリジナルの考えを書くこと。

良い例

ボランティア活動に励むことはすばらしいことである。ボランティアの根底にあるのは、助け合いの精神であるからだ。しかし、近ごろはボランティアをすること自体が目的となってしまっていて、その本質を見失っている状況があるのではないだろうか。

最近は助け合いの精神がなくなってきているともいわれているが、平成二十三年の東日本大震災のとき、被災地である東北地方に、多くのボランティアがかけつけた。中には、準備不足だったり何をしたらよいのかわからなかったりという人もいて、かえって被災者に迷惑をかけてしまったこ

ここに注意！

レベルアップ講座

ここがポイント

問題提起できる視点と知識を

物事を一方向から判断するだけではなく、そこに潜んでいる問題点や改善点などを提起できる視点と知識を身につけよう。問題意識を持ったうえで書かれた文章は、より深みが増し、説得力を持つ。

ここがポイント

素朴でも自分の考えを論じるのが大事

テレビやネットなどでよく見かけるような、いわゆる一般論を書くだけでは、その人がどんな考えをもっているのかが試験官には伝わらない。素朴な意見でもいいので自分の意見を論じることが重要。

応用

例題で練習しよう

「子どもたちとの校外授業として、地域住民との交流はどんなことがあるか述べよ」／「学校施設の活用として、注

ともあったということだ。悲惨な状況の中で困っている人を助けたい、少しでも役に立ちたいという思いで行動したことは意義のあることだが、現場の状況を見極めなければ自己満足に終わってしまう恐れもある。ボランティア活動にはその現場、現場で、ある程度の知識や技術、経験が必要である。

現在、ボランティア活動に対して単位認定を行ったり、課外活動などに組み込んだりしている学校もあるが、本来、無償の行為とされるボランティア活動が、何かの対価を得るための活動になってしまっていることに、懸念を抱かざるを得ない。もし学校やさまざまな団体がボランティア活動を奨励するのであれば、まずは事前に派遣先で必要となる知識や技術を習得させるべきだと考える。現場で役に立たなければ、ボランティア活動は意味がない。そして、役に立つことではじめて、ボランティアをする側もされる側も、喜びを感じることができるのではないだろうか。

意しなければならないことを述べよ」／「子どもが行うボランティア活動に対しての考えを述べよ」

STEP 2　アイデアの斬新さを問う②

テーマ「五年後の私」

悪い例

今から五年後というと、私は二十七歳になっている。❶そのころには、周囲の人から年齢を聞かれて答えたとき、「実際の年齢よりも年上に見えるね」と言われるようになっていたい。それは、若々しさや、はつらつさに欠けているということではなく、二十代とは思えないような豊かな知識と頼りがいのある、落ち着きを持った教師になっていたいからである。

私は童顔で小柄なため、これまで実際の年齢よりも若く見られることが多かった。しかし、それは単純に見た目の問題だけではなく、私の態度や言葉づかいからくるものだったかもしれない。保護者から信頼される教師

評価

構成	用法・語法	個性
B	B	C

全体に無難な印象だが、逆にユニークな意見や斬新さは感じられない。また、抽象的な意見が多いため全体に漠然とした印象になってしまっている。

❶当り前の表現になってしまっている。特に導入部では、読み手が思わず引き込まれるような表現や展開を心がけよう。

❷特に最初の行の内容が漠然とし過ぎている。具体的な例を挙げて、それがどう自分にプラスになるのかを説

となるためには、若さが不安に映ることのないよう、落ち着いた物腰で応対しなければならないと思う。そのためには、それぞれの人の立場を考えて物事を迅速に判断できるよう、広い知識を有することが大切だと私は考える。

❷また、私は仕事ばかりでなく、プライベートな面でもいろいろなことに挑戦し、そこで経験したことを身につけていきたいと思っている。そうすることで、社会とのかかわりもより密接となり、知識だけでなく経験から、多面的なとらえ方が可能になるのではないかと考えているためである。

五年後、仕事もプライベートも充実させて、毎日を生き生きと過ごすことができるよう、これから日々いろいろなことを吸収していきたい。そして自分だけでなく、子どもたちが生き生きと明るく過ごせるよう、貢献していきたい。

明する次からの文章につなげたい。

良い例

今から五年後というと、私は二十七歳になっている。そのころには、周囲の人から年齢を聞かれて答えたとき、「えっ⁉ その年で貫禄あるよね」とか「ちょっと老けて見えるよね」などと言われるようになりたい。それは、もちろん若々しさや、はつらつさに欠けているということではなく、二十代とは思えないような豊かな知識と頼りがいのある、落ち着きを持った教師になっていたいからである。

私は童顔で小柄なため、これまで実際の年齢よりも若く見られることが多かった。しかし、それは単純に見た目の問題だけではなく、私の態度や

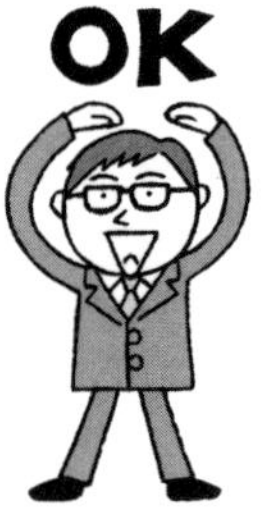

ここに注意！

レベルアップ講座

ここがポイント **冒頭の書き方に注意しよう**

奇をてらう必要はないが、平凡な書き方では、たくさんの論作文を読む試験官の印象に残らない。特に導入部は読み手が読みたくなるような斬新な書き方を工夫しよう。

ここがポイント **具体的に書く習慣を**

漠然とした意見や抽象的な言葉を使った表現は、考えが伝わりにくい。できるだけ具体例を挙げることで論旨を明確にすることができる。

応用 **例題で練習しよう**

「私が仕事で成し遂げたいこと」／「これからの教員に必要なこと」

言葉づかいからくるものだったかもしれない。保護者から信頼される教師となるためには、若さが不安に映ることのないよう、落ち着いた物腰で応対しなければならないと思う。そのためには、それぞれの人の立場を考えて物事を迅速に判断できるよう、広い知識を有することが大切だと私は考える。

また、私は今、一人暮らしをしているが、できるだけ早い時期にパートナーを持ち、五年後には、親や子供も含めて大家族で暮らしたいと思っている。そうすることで、社会とのかかわりもより密接となり、知識だけでなく実際の経験から、物事をより多面的にとらえることが可能になるのではないかと考えているからである。

五年後、仕事もプライベートも充実させて、毎日を生き生きと過ごすことができるよう、これから日々いろいろなことを吸収していきたい。そして自分だけでなく、子どもたちが生き生きと明るく過ごせるよう、貢献していきたい。

STEP 2 アイデアの斬新さを問う③

テーマ「『自分を高めるために努力していること』について述べよ」

悪い例

❶「自分を高める」とは、いったいどのようなことを指すのだろうか。私は、❷何かを成し遂げたときに人間は充実感を得られるものであり、それが自分を高めることに❷つながるのではないかと考えている。したがって私は、自分を高めるためには、日々何かを続けていくことが効果的だと考える。「何か」は、小さなことであっても大きなことであっても良いと思う。❷大きなことを成し遂げたとき、確かに人間は成長して自己が充実していくと思うが、たとえどんな小さなことであっても、続けていった先に達成感があれば、それも自己の成長と充実に❷つながるのではないだろうか。大きな

評価

構成	用法・語法	個性
C	B	C

冒頭の書き方や結論部分の主張など、最初から最後まで平凡で多くの論作文を読む試験官の印象に残りにくく、損をしている。目にとまる表現を工夫しよう。

❶テーマをそのまま疑問文にして話を始めるのは、オーソドックスではあるが、印象に残らない。

❷「成し遂げる」「つながる」など、同じような言い回しが何度も出てくる。同じ内容でも別の表現を考えること。

ことでなくても、毎日コツコツと続けたことの蓄積は、確実に自分自身の糧となり、自信へとつながっていくはずであると私は考えている。

しかし、日々何かを続けることは、簡単なようでいてなかなか困難なことである。だからこそ、それを成し遂げることができたなら、自分を高めるという結果につながるのではないだろうか。

そこで、自分を高めるために私が今、努力しているのが、毎日運動をするということである。体を鍛えられるうえに、今後、教壇での授業が中心だったとしても、運動不足を解消することができる。さらに、毎日数キロメートル走るということを続けていけば、肉体も変化していき、必ず自己の充実につながるはずだと思っている。私は、今後もこの計画にのっとって、毎日のジョギングを日課にしていきたいと思っている。

❸結論で述べる内容が平凡で、高得点は期待できない。自分が実践している中で、よりアピールできそうな事柄を考えよう。

良い例

何かを成し遂げたとき、人間は充実感を得られるものである。私はそれが自分を高めることにつながるのではないかと考えている。したがって自分を高めるためには、日々何か自分にできることを続けていくことが効果的だと考える。

その「何か」は、小さなことであっても大きなことであっても良いと思う。大きな成果をだすことができたとき、確かに人間は成長して自己が充実していくと思うが、たとえどのような小さなことであっても、続けていった先に達成感があれば、自己の成長を実感させてくれるはずである。大

ここに注意！

レベルアップ講座

ここがポイント

構成にも気を配ろう

論作文の構成は、起承結転で書くのがセオリーの一つだが、その中でも表現方法は工夫したい。冒頭の一行に例えば偉人の名言を持ってくるなど、読み手が思わず引き込まれるような書き方を考えよう。

ここがポイント

日ごろから頭を柔軟に

論作文の試験では、論理的な思考の他にその人がどれだけ柔軟な頭でアイデアを出せるかなども見られている。アイデアは急には出てこない。日頃から何か面白いことはないかと考えるくせをつけよう。

ここがポイント

同じ意味でも別の言葉を探す

短い文章の中で、同じ言葉を繰り返すと、くどい印象を与えるし、文章のリズムが悪くなる。同じような意味でも別

きなことでなくても、毎日コツコツと続けたことの蓄積は、確実に自分自身の糧となり、自信となっていくはずであると私は考えている。

日々何かを続けることは、簡単なようでいてなかなか困難なことだ。しかしだからこそ、最後まであきらめないことが大切だ。このことを忘れずにいようと思う。

そこで、自分を高めるために私が今、努力しているのが、毎日「未来日記」をつけることである。「こうありたい」と思う未来の自分を想像して、それをノートに記すのである。私は、この「未来日記」をつけるようになってから、今の自分に足りないものに気づくことができるようになり、理想の自分に近づくためには何をしなければならないのかがはっきりわかるようになった。私は、「未来日記」をつけることで、これからも自らを磨く努力をしていきたいと考えている。

の言葉を探そう。

応用

例題で練習しよう

「コロナ禍の間、お家時間をどう過ごしたかについて書きなさい」／「ピンチをチャンスに変える、あなたなりの方法を述べよ」

テーマ「私の考える環境対策」

悪い例

環境対策と聞いて、まっさきに思い浮かぶのは、地球温暖化の問題である。このまま地球温暖化が進むと、❶さまざまな問題が生じるといわれている。地球温暖化の原因となっているのは、温室効果ガスである。温室効果ガスの排出を抑えることが、地球温暖化対策において急務となっている。

❷温室効果ガスの排出量削減については、世界各国で取り組む必要がある。地球温暖化は一国だけの問題ではなく、まさに地球規模で取り組むべき問題である。そうでなければ、地球温暖化の進行を食い止めることはできない。では、私個人としては、地球温暖化の抑制のために何ができるのだろうか。温室効果ガスのうち、大きな割合を占めているのが二酸化炭素であ

評価

構成	用法・語法	個性
B	C	C

地球温暖化対策について、結論を自身の取り組みにつなげる構成はよい。しかし、問題の具体例や世界の動向などには触れておらず、時事問題に対する知識の薄さが露呈してしまった。

❶「さまざまな問題」とは、どのような問題なのかを示す。

❷地球規模の取り組みについて論じるなら、地球温暖化の課題に向き合う世界の動きを盛り込みたい。

❸説明が回りくどい。リデュ

る。ふだんの暮らしの中では、ゴミを処理するときや冷暖房を使用したときに二酸化炭素が排出される。自動車の排気ガスにも二酸化炭素は含まれている。

そこで、二酸化炭素の排出抑制対策として、❸ゴミを減らすために、ゴミとなるものは買わない習慣を身につけることや、再利用を心がけて実践していくことが必要となる。私は、できる限りそれを実行するようにしている。具体的には、服や雑誌などを古着屋や古本屋に売る、リサイクルできるビンや缶に入った食料品を買う、過剰な包装は断る、エコバッグやマイ箸を持参する、などを続けている。継続してゴミを減らすことを意識して日々行動することで、ゴミの削減を目指していきたい。さらに、自転車や公共の交通機関を利用したり、クールビズや節電を心がけたりするなどして、二酸化炭素排出量削減という点から自らの行動を一つひとつ吟味し、地球温暖化の防止のためにできることを実行していきたい。

ース、リユース、リサイクルなど環境にまつわる用語を使うことで、知識をアピールしたい。

良い例

環境対策と聞いて、まっさきに思い浮かぶのは、地球温暖化の問題である。大気や海洋の温度は年々確実に上昇しており、異常気象や海面の上昇、干ばつを引き起こすなど、世界中の自然や暮らしへ与える影響が危惧されている。地球温暖化の原因である温室効果ガス、中でもその大部分を占める二酸化炭素の排出量を抑えることが、地球温暖化対策において急務となっている。

温室効果ガスの排出量削減については「パリ協定」に従って世界各国で取り組む必要がある。我が国も二〇五〇年までにカーボンニュートラルを目指すことを宣言している。では、私個人としては、脱炭素社会実現のた

解答例から学ぶ
レベルアップ講座

ここがポイント
課題と対策は具体的に述べる

5W1H（いつ、誰が、どこで、何を、なぜ、どのように）がはっきりした文章を書くようにしたい。問題の本質は何で、その課題に対して誰がどのような対策をとっているかを示したうえで、自分の考察を述べる。

ここがポイント
時事問題では知識が問われる

温暖化問題を地球規模で論じる場合、二〇一五年に国連気候変動枠組条約締約国会議（COP21）で採択された「パリ協定」など、問題に向き合う現在の世界の大きな動きにも触れておきたい。また、テーマにより国や民間企業、地方行政などの最新の実例も挙げることで論拠に説得力が増す。ぼんやりした内容だと知識の浅さが見えてしまうので注意したい。

めに何ができるのだろうか。ふだんの暮らしの中でも、ゴミを処理するときや冷暖房を使用したときなど二酸化炭素が排出され、自動車の排気ガスにも二酸化炭素は含まれている。

そこで、二酸化炭素の排出抑制対策として挙げられるのが、リデュース、リユース、リサイクルの3Rだが、それを実践していくことは有効である。※私も、その3Rをできる限り実行するようにしている。具体的には、服や雑誌などを古着屋や古本屋に売る、リサイクルできるビンや缶に入った食料品を買う、過剰な包装は断る、エコバッグやマイ箸を持参する、などを続けている。継続してゴミを減らすことを意識して日々行動することで、ゴミの削減を目指していきたい。さらに、自転車や公共の交通機関を利用したり、クールビズや節電を心がけたりするなどして、二酸化炭素排出量削減という点から自らの行動を一つひとつ吟味し、地球温暖化の防止のためにできることを実行していきたい。

ここがポイント　**テーマに沿った最新用語を採り入れる**

※「脱炭素社会」「3R」（リデュース（発生を減らす）、リユース（再利用）、リサイクル（再資源化））など、テーマに沿った用語を積極的に使うことで、知識のアピールにもなり、表現を簡潔にすることができる。

応用　**例題で練習しよう**

「環境を考えたこれからの生活と社会」／「私が考えるSDGs」

テーマ「少子高齢化社会において地域が活力を維持していくための方策について、あなたの考えを述べよ」

悪い例

少子高齢化は日本にとって大きな課題である。❶高齢化率は高くなる一方であり、超高齢化社会に突入するのもそう遠くないだろう。また、女性一人あたりが一生の間に産む子どもの数も、欧米諸国に比べ低くなっていると聞く。❷これによって世代別人口のバランスが崩れ、生産力の減少や、社会保険費の負担の増加が問題となっている。❷こうした社会では、若い世代は都市に流出しやすくなるため、地域の活力を生む生産力の維持は難しい。私は、女性や高齢者が支えられる側ではなく、地域を支える生産力となり、生きがいを感じられる社会づくりが必要だと考えている。

先日テレビで、ある地域の取り組みが紹介されていた。高齢者が集まっ

評価

構成	用法・語法	個性
B	C	B

地域活性化に向けて、女性や高齢者の生産力の活用と帰属意識を高めるという論旨は良いが、事実関係の誤認や自分で考えた具体的な方策が述べられておらず、説得力が乏しい。

❶ 事実関係の誤認。二〇〇七年には既に高齢化率が二十一％を超え、超高齢社会となっている。

❷「この」「これ」「こうした」など、前後する文で「こ・そ・あ・ど」言葉が頻出すると文章全体が分かりづらくなる。

て地域の特産品などの農産物を育て、古民家を改装したレストランで調理して出しているというものだった。❷これは、高齢者が主体的な生産力となっていて画期的だと思う。❷またこうした特産物を紹介することは、地域のブランドづくりという観点からも、とても意義のある取り組みだと感じる。❷こうした魅力ある地域の特色を出すことで、若い世代にとっても、地域への認識が変わり帰属意識が高まるのではないだろうか。

また、私は子育て中であっても、人の役に立ち、社会に貢献できる仕事をしていたいと思う。女性の社会進出が少子化を進めるといわれているが、果たしてそうだろうか。❸この前提に疑問を投げかける姿勢が、地域を活性化し、その活力を維持することにつながっていくのではないかと感じる。

少子高齢化社会において、地域が活力を維持していくためには、女性や高齢者が働ける環境を支援し、地域に根差した特色あるブランドを発信するなどして、若い世代の地域への帰属意識を養うことが大切であろう。

❸「疑問を投げかける姿勢」とは具体的にどのようなことをすれば良いのか、自分の考えを述べていない。

良い例

少子高齢化は日本にとって大きな課題である。二〇二二年の高齢化率は約二十九％、合計特殊出生率も一・二六と、日本は既に超高齢かつ超低出生率国である。これによって世代別人口のバランスが崩れ、生産力の減少や、社会保険費の負担の増加が問題となっている。このような社会では、若い世代は都市に流出しやすくなるため、地域の活力を生む生産力の維持は難しい。私は、女性や高齢者が支えられる側ではなく、地域を支える生産力となり、生きがいを感じられる社会づくりが必要だと考えている。

先日テレビで、ある地域の取り組みが紹介されていた。高齢者が集まって地域の特産品などの農産物を育て、古民家を改装したレストランで調理

序論

解答例から学ぶ
レベルアップ講座

ここがポイント 時事問題では、論拠となる正確な数値を

知識としてアピールする場合、官公庁の発表資料などから、裏付けとなる正確な年や数値のデータを盛り込み、具体的に述べたい。

ここがポイント こ・そ・あ・ど言葉の使いすぎに注意！

前後する文で「この」「これ」「こうした」など「こ・そ・あ・ど」言葉を多用せずに、指し示す内容を別の言葉に置き換えて明確に書けば、文章全体が分かりやすくなる。また、「こんな」「こうした」より「このような」のほうが文章表現としては丁寧な言い回しとなる。話し言葉にならないように注意する。

ここがポイント メディアの情報は良い具体例になる

テレビや新聞などメディアから得た情報を時事問題に結び

して提供しているというものだった。高齢者が主体的な生産力となっていていることは画期的であり、またその土地ならではの特産物を紹介することは、地域のブランドづくりという観点からも、とても意義のある取り組みだと感じる。地域が持つ豊かな特色を打ち出すことで、若い世代にとっても、地域への認識が変わり帰属意識が高まるのではないだろうか。

また、私は子育て中であっても、社会に貢献できる仕事をしていたい。近年の先進国の調査では、女性の労働力率が高い国ほど出生率も高い傾向にある。子育て世代が安心して子どもを預けられる場所があれば、育児と仕事の両立はしやすくなる。地域社会が託児所や学童などの子育てを支援する環境を整えることで、生産力の確保と少子化対策の両立が可能となる。

少子高齢化社会において、地域が活力を維持していくためには、女性や高齢者が働ける環境を支援し、地域に根差した特色あるブランドを発信するなどして、若い世代の地域への帰属意識を養うことが大切であろう。

結論　本論

つけるのは、オーソドックスな手法であるが、結論にしっかりとつなげられれば、良い具体例となる。

ここで差がつく　構成を見直してみよう

序論　**少子高齢化社会の現状の把握**
→社会保険料の負担増加、生産力の低下につながる。

本論　**高齢者の生産力に注目**
→地域の特性を生かすことで、若い世代の認識変化。子育て支援で女性の労働力率をあげる。

結論　**地域社会のあり方**
→高齢者や女性の働く環境を支援し、地域の活性化を目指す。

応用　例題で練習しよう

「これからの子育て支援」／「高校授業料無償化・就学支援金支給制度について」

テーマ「あなたが最近関心を持った社会問題について」

悪い例

私が最近関心を持ったのは、高度情報化社会が抱えている問題である。インターネットの世界では、その匿名性ゆえに誹謗中傷や犯罪行為の温床となっており、個人情報の流出などの事件も多発している。また、子どもたちを有害な情報からどのように守るのかという問題もある。❶何を信じていいかわからないほどの情報があふれているのが、高度情報化社会である。

まず、私たちは世の中に氾濫している多くの情報について、正しい情報と誤った情報があるということを知らなければならない。そして、そのうえで自分に❷必要な情報を選択していかなければならない。情報が過剰になっている高度情報化社会において、❷必要となってくるのは、インターネッ

評価

構成	用法・語法	個性
C	C	B

「情報を適切に使いこなす能力が必要」という同じ内容の繰り返しが目立つ。情報化社会の定義やメリット、デメリットなどの例を挙げながら論じないと、主張が希薄になる。

❶ テーマの定義があいまい。

❷ 一つの文中や前後する文で、「必要」が頻出している。

❸ 「ネットリテラシー」「メディアリテラシー」など、情報化社会を語るうえでのキーワードとなる用語を使いたい。

ト上の情報の真偽を判断したうえで❷必要な情報を取捨選択し、活用していく能力である。つまり、❸情報を使いこなす能力が❷必要となるのである。

そのためには、情報教育が❷必要となる。❹情報教育は、情報を使いこなす能力を獲得するうえで重要な取り組みである。情報教育を通じて情報モラルを育み、有害情報への対応などについて学んでいくべきである。政府も❺さまざまな法律を制定するなどして取り組みを進めているが、インターネット上の事件や有害情報から身を守るためには、情報と向き合い、情報を適切に活用できる能力を自分自身が身につける❷必要がある。

情報というものは本来、私たちの暮らしを豊かにするはずのものである。インターネットの普及によって、❻私たちはいろいろなことができるようになった。❻高度情報化社会の到来には、メリットもあるのである。高度情報化社会をより豊かに生きていくために、私たちは❸情報を使いこなす能力を獲得していかねばならない。

---

❹社会における情報教育の現状にも触れたい。

❺「さまざまな法律」ではなく、制定された具体的な法律を入れる。

❻情報化社会の具体的なメリットが書かれていない。

良い例

私が最近関心を持ったのは、高度情報化社会が抱えている問題である。インターネットの世界では、その匿名性ゆえに誹謗中傷や犯罪行為の温床となっており、個人情報の流出などの事件も多発している。また、子どもたちを有害な情報からどのように守るのかという問題もある。高度情報化社会の現在、インターネットの情報との向き合い方が問われている。

まず、私たちは世の中に氾濫している多くの情報について、正しい情報と誤った情報があるということを知らなければならない。そして、そのうえで自分に必要な情報を選択していかなければならない。情報が過剰になっている高度情報化社会において求められるのは、インターネット上の情

解答例から学ぶ
レベルアップ講座

ここがポイント
序論ではこれから何を述べていくのか明確に

序論では、これから何を述べていくのかの話題を明確に提示する。テーマの定義があいまいだと、次の文章への展開がぼやけて、結論で訴えたいことが弱まる。

ここがポイント
同じ言葉ばかりを繰り返さない

一つの文中や前後する文章で、同じ言葉を連続して使用することは、文章がたどたどしくなるので避ける。同義語を使った別の表現にすることを心がけたい。

ここがポイント
時事問題ではキーワードが大切

「ネットリテラシー」「メディアリテラシー」など、行政の公式文書や報道などで、近年使われるようになった用語は、テーマのキーワードとなることが多い。

報の真偽を判断したうえで適切な情報を取捨選択し、活用していく能力である。つまり、ネットリテラシーが必要となるのである。

そのためには、情報教育が欠かせない。小学校学習指導要領でも情報活用能力を「学習の基盤となる資質・能力」と位置づけているように、情報教育を通じて情報モラルを育み、有害情報への対応などについて学んでいくべきである。不正アクセス禁止法や個人情報保護法などの法律も制定されているが、高度情報化社会では、ネットリテラシーの不足により自分が被害者にも加害者にもなる可能性がある。

情報というものは本来、私たちの暮らしを豊かにするはずのものである。インターネットの普及によって、データでの情報のやり取りが増え、省資源につながっている。また、在宅ワークや電子商取引など、受けられる恩恵も大きい。高度情報化社会をより豊かに生きていくために、私たちはネットリテラシーを獲得していかねばならない。

ここがポイント　一般常識として知っておきたい法律

教育分野では学習指導要領の概要、また、分野に限らず、近年制定され、報道などで広く注目された主要な法律は、一般常識として知っておきたい。社会の状況を語るうえで、具体例として挙げると、論旨に奥行きが出る。

ここがポイント　例を挙げる場合は特殊な例だけにしない

一つの事柄に対し、デメリットとメリット双方を書く。また、その例を具体的に述べる。多くの人が納得できる実例を複数並べると良い。

応用　例題で練習しよう

「高度情報化社会に必要なものは何か」／「ICT（IOT、AI）の活用について」

STEP 3

テーマ「どのような教師になりたいか、あなたの教師観を述べよ」

教員の姿勢について書く①

悪い例

　コミュニケーション不足が指摘される今の時代、物事を決めるためには手順が必要だ。いろいろな意見をじっくりと聞き、矛盾点を考え合わせ、慎重に答えを出す。❶そのためにはどうしたらいいのだろうか。コミュニケーション力が大事だと思う。

　児童の中には、話を最後まで聞かない子どもも多い。❷実際に教壇に立った教育実習で、こうした傾向の子どもたちによく接したので、そうした心理は手に取るようにわかる。実習の際にも、こちらの発言に対して過剰に反応し、周囲を気にする児童がいたりして、とても困った。例えば、ハイキングの候補地の希望を聞く時、鎌倉や箱根に続いてハワイや月が出ても、

評価

構成	用法・語法	個性
B	C	C

今の時代における問題点や児童に対する観察力は感じられるが、全体的に児童を見下しているような印象を受ける。また、具体策が書かれていないので説得力に欠ける。

❶ 問題点を投げかけているだけで、自分なりの考えが書かれていない。問題点に対し、例えば、「自分が人とゆっくり話すことができれば、人の話もしっかり聞けるようになるだろう」と書かれているとよい。

❷ 教師の立場として、子ども

無視したり怒ったりせず、真面目に取り上げてやる。❷まだまだ空想と現実、冗談と本気の区別がつかない未熟な年齢なので、黒板に書いて他の意見と比べ、その違いをはっきり自覚させてやることが大切だ。こうした際にもゆっくり話し、相手の言葉や設問を繰り返し提示することが重要である。❷現実性のなさがわかった段階で、黒板消しで消し、このような意見はまったく非現実的だとはっきり伝える。

子どもの意見は思い付きが多いので、それをいかに子どもたちに理解してもらうかが重要になってくる。❸そして、私は子どもたちの意見をよく聞き、じっくりと子どもと向き合うことのできる教師になりたいと思っている。

たちを見下したような言い方や書き方は絶対に避けなくてはならない。また、アピールすることも必要だが、過剰な自信は逆効果になる。

❸なりたい教師像を伝えたい気持ちはわかるが、提示した問題に対する具体的な解決策を書かないと、単なる理想論に終わってしまう。例えば次のように足すとよい。

「子どもたちの意見をよく聞き、ゆっくり話し、設問も復唱して黒板に書く。こうした繰り返しが、早飲み込みの子どもを矯正し、落ちこぼれを防ぎ、理解を深める教育のあり方だと思う」

良い例

コミュニケーション不足が指摘される今の時代、物事を決めるためには手順が必要だ。いろいろな意見をじっくりと聞き、矛盾点を考え合わせ、慎重に答えを出す。そのため、私はゆっくり話すことに努め、これを習慣にしてから、他人の話もしっかり聞けるようになった。

児童の中には、話を最後まで聞かない子どもも多い。教壇に立ったのは教育実習だけなので、こうした子どもには僅かしか接していないが、私がかつてそうだった小学生時代を思い出すと、そうした心理はよくわかる。

実習の際にも、こちらの発言に対し過剰に反応し、周囲を気にする児童がいた。この時、しっかり相手の目を見て、こちらが本気で意見を聞く気

序論

解答例から学ぶ

レベルアップ講座

ここがポイント　時代に即した問題点を示すことは重要

今の時代に求められている問題点を示すことは、教職への真摯な情熱を伝えられる。

ここがポイント　自分の体験談を例に挙げることの必要性

自らの体験や具体例を挙げて論じることは、説得力を増し、親近感も感じさせられる。

ここがポイント　子どもたちに接する際にはユーモアも

低学年の子どもたちには特にユーモアは大切だ。怖い先生よりもおもしろい先生の方が話も聞いてくれる。

ここがポイント　問題解決には具体的な対策を提示する

理想論ではなく具体的な解決策と根拠を示すことで説得力が増す。「教師と保護者の協力体制」は子どもたちを見守る範囲も広がる良案だ。

になることが重要である。例えば、ハイキングの候補地の希望を聞く時、鎌倉や箱根に続いてハワイや月が出ても、無視したり怒ったりせず、真面目に取り上げる。空想と現実、冗談と本気の区別がつかない年齢なので、黒板に書いて他の意見と比べ、その違いを自覚させることが大切だ。この時もゆっくり話し、相手の言葉や設問を繰り返し示すことが重要である。現実性のなさがわかった段階で、消す。その際も、「月までは梯子が届かないから」などと、少しユーモアを加えた理由を話すことが望ましい。

子どもたちの意見をよく聞き、ゆっくり話し、設問も復唱して黒板に書く。こうした繰り返しが、早飲み込みの子どもを矯正し、落ちこぼれを防ぎ、理解を深める教育のあり方だと思う。それには、保護者の協力も不可欠だ。親が子どもの話を聞いてくれず、自分の主張ばかりしているような家庭環境が、こうした子どもの性格を作っていることも多いからだ。子どもたちのためには、教師と保護者の協力体制も必要だと、私は考える。

本論　結論

ここで差がつく　構成を見直してみよう

序論　**今の教育の問題点**
→児童とのコミュニケーションで大切な「話を聞く」「ゆっくり話す」を、自分の体験を含めて述べる。

本論　**問題解決のための実践的対応**
→問題を解決するために、体験談や具体例など実践的な対応の仕方を挙げながら、結論に導いてゆく。

結論　**自分なりの考えと具体的な解決策**
→最終的に自分の考えを明確に述べ、具体的な解決策とその根拠をはっきり示す。

応用　例題で練習しよう

自分が考える新たな教育／教師に必要不可欠なもの／理想の教師像とは／集団生活の中での教師の在り方／校外学習と学校教育の関わりについて

STEP 3

教員の姿勢について書く②

テーマ「いじめ対策について、あなたの考えを述べよ」

悪い例

❶いじめ対策について論じるのであれば、まずは、いじめというものについて考えなくてはならないだろう。なぜ、いじめが起きるのか、それについては次のように考える。

体が大きいのに気が小さい、態度がはっきりしない等、大人にとっては理由にならない理由が、いじめの背後には存在していることがある。❷いじめられる側が気にしなければいじめは持続せず、自然と消滅することもある。大人がいじめの理由を些細なものと断じ、仮に、「理由もなくいじめをしてはいけない」と発言した場合、「理由のあるいじめはしてもよい」と解釈される場合がある。つまり、大人の目からは、取るに足らない理由

評価

構成	用法・語法	個性
C	C	B

一見すると、いじめについて分析されているように思えるが、一般的な解釈としか感じられない。また、偏った考えではなく、双方の立場を理解するバランス感覚が必要だ。

❶書き出しでテーマや内容について論じる必要はない。字数を稼いでいると思われる。すぐに解答から書き出そう。

❷間違った内容ではない。ただ、テーマに沿って対策を増やしたい。そう考えると説明に多く使っているのが

であっても、それが子どもの集団の中で機能する限り、子どもたちがいじめを正当化する理由としては十分なのである。

子どもの心に純真な部分があることは確かだが、子どもの心には繊細かつ脆弱な部分もあり、少しの刺激で残酷になることもある。一人では後ろめたいと思うことも、集団でなら責任の所在が不確かなため、「誰もがやっている」ことを根拠に肯定されたり、「自分一人が悪いのではない」という考えによって正当化されてしまうのである。❸いじめは、自分と変わらない他人を、下等なものとして差別化し、他人の精神を傷つけたいと思う歪んだ欲望によって生まれたものなのである。嫌な認識であるが、いじめには快楽があるのだ。

❹こうしたいじめをなくすには、「それぞれの人格を尊重する」といった、一般的良識を主張するだけでは、何の効果も上がらない。いじめをすることは人間として恥ずべき愚劣な行為であることを明らかにし、子どもたちの正義感を覚醒させるよりほかに方法はない、と私は考える。

おしい。

❸いじめについて説明が極端すぎて過激になっている。

❹自分の意見を述べているだけで具体策が書かれていないため、おしい。教師として働く際に、具体的にどうしたいか述べると説得力が増す。

良い例

体が大きいのに気が小さい、態度がはっきりしない等、大人にとっては理由にならない理由が、いじめの背後には存在していることがある。いじめの被害を受けている子どもがそのことを気にし、傷つけば傷つくほど、いじめは激しくなる傾向が見られるのだ。いじめに関しては、いじめる側といじめられる側、双方について考えなくてはならない。

大人がいじめの理由を些細なものと断じ、仮に、「理由もなくいじめをしてはいけない」と発言した場合、「理由のあるいじめはしてもよい」と解釈される場合がある。これは恐ろしい考え方であり、決して看過してはいけないことだ。大人の目からは、取るに足らない理由であっても、それ

序論　本論

解答例から学ぶ

レベルアップ講座

ここがポイント

一方だけでなく、双方からの見解を示す

問題を提示した場合には、ひとつの方向からの考え方や立場から論ずるのではなく、必ず双方、あるいは多面的な考え方を提示しよう。

ここがポイント

いじめはあってはならないという認識を

いじめる側といじめられる側、双方の立場を理解することは大切だが、いじめ自体は絶対に許されるものではないという認識は教師には不可欠だ。

ここがポイント

意見だけでなく具体的な解決策を示す

単に自分の考えを述べているだけでは論が突き詰められていない印象が強くなる。いじめを全体的な問題として捉え、クラス全員でのディスカッションを提案するなど、必ず自分なりの具体的な解決策を提示することが必要だ。

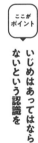

が子どもの集団の中で機能する限り、子どもたちがいじめを正当化する理由としては十分なものとして成立するのである。

子どもの心に純真な部分があることは確かだが、子どもの心には繊細かつ脆弱な部分もあり、少しの刺激で残酷になることもある。一人では後ろめたいと思うことも、集団でなら責任の所在が不確かなため、「誰もがやっている」ことを根拠に肯定されたり、「自分一人が悪いのではない」という考えによって正当化されてしまうことも気にしなくてはならない。いじめは、自分のことしか考えず、自分と変わらない他人を見て、他人を傷つけたいと思う歪んだ気持ちによって生まれていることがある。

そのような明らかに間違った気持ちであるいじめをなくすには、「それぞれの人格を尊重する」といった、一般的良識を主張するだけでは、何の効果も上がらない。いじめをすることは人間として恥ずべき行為であることを明らかにし、子どもたちの正義感を感じさせることが効果的だと考える。いじめで、実際にどのように残酷なことが起きているか提示した上で、全員でディスカッションをして意識させるなど工夫したい。

結論

ここで差がつく　構成を見直してみよう

序論　**いじめの定義と、そこから考えるべきこと**
→いじめの成立理由と共に、いじめる側といじめられる側、双方を理解するバランス感覚の必要性を論じる。

本論　**いじめに対する自分なりの考え方**
→いじめに対する自分の明確な意見を述べ、決してあってはならないという結論へ。

結論　**いじめの具体的な解決策を提示**
→これまでの対応策に対する見解と共に、自分なりの具体的な手立てを提示することでまとめる。

応用　例題で練習しよう

不登校児童に対する対応策／学校内において発生する諸問題と対応について／教師間のコミュニケーションの在り方／生徒との関わり方について

テーマ「児童・生徒への基本的な指導について、あなたの考えを述べよ」

悪い例

現在の学校教育に欠けているのは、子どもたちのしつけだろう。❶しつけの大切さは犬を見てもわかる。しつけられている犬と野良犬ではまるで違う。人間のしつけの基本は、挨拶ではないだろうか。挨拶は人と人とのコミュニケーションの出発点だ。挨拶ができないと、人と話をすることもできなくなり、学校でも孤立してしまう。孤立するとどうなるか？ 誰にも相手にしてもらえなくなる。そして、いじめられてるようにも見え、変な誤解を生むかもしれない。そのように大事な挨拶を、私は徹底させたい。

❷挨拶や言葉づかいを徹底させることは、人間形成の上でも学校教育の上でも大切なことだと思う。挨拶が日常生活で習慣になるまで、機会がある

評価

構成	用法・語法	個性
C	C	B

挨拶を基本とした指導の大切さを伝えたいのは理解できるが、抽象的な表現と整理されていない構成のため、散漫な印象を受けるのが残念だ。具体的な指導プランも見えてこない。

❶ 挨拶に関して、例え話を使おうとするのはよい。しかし、犬と例えるのはよくない。全く同じではないからだ。

伝えたいことが整理されていないので、何を言いたいのかわかりにくい。指導プランは、段階的に具体例を

ごとに指導を怠らないことが重要だ。また、学校の中だけでなく、外の生活においても、毎日、町で会う人、たとえば改札の駅員や交番の警官等にも、気軽に挨拶ができる子どもを育成することが望ましい。挨拶をすることで、そこからまた新たなコミュニケーションが生まれるかもしれない。いずれにしても、そういったことを、日常習慣にすることが肝要である。❸

対話については、何より「自然な会話」ができることが望ましいが、問題のある子どもとの❹対話はなかなか難しい。また、無口な子どもや内向的な子どもへの対応も難しいが、時には、何が言いたいのか問いかけるなど、相手の反応に臨機応変に対応していくことが大切だ。返答がない場合は、しばらく待っているしか❺ない。❻あくまでも「自然な会話」ができるよう、子どもの側から言葉が出てくるのを待つ忍耐力や根気強さも必要なのだ。それでも会話が成立しない時は、❼ある程度、強要することも必要だろう。

❽挨拶ができるようになったら、こちらの言葉に反応を回答する会話形式だけでなく、会話が続いていく対話形式になるような話し方に移行させていき、もし、私が教師になったら、そういう指導を心掛けていくつもりだ。

挙げながら書くことで、はっきりしてくる。

❷表現がネガティブである。

❸自然な会話ができず困っている

❹慎重に対応したい

❺こともできる

❻めざしたいのは

❼生徒にあわせてじっと待ちたい

❽結論は、単に思いや決意を述べるだけでなく、具体的なプランや根拠を示すことが大切だ。「～になったら」や「もし～」というような仮定の話も中途半端な印象を与えるので避けたい。

良い例

現在の学校教育に欠けているのは、子どもたちのしつけである。その基本は、日常的な挨拶だと私は考える。挨拶を小声でしかできなかったり、心のこもらない無感動な声でしかできなかったりする子どもは、他人との対話もうまくいかず、周囲から孤立しがちなので、注意したい。また、「いじめ」の発生等とも関連するので、早急な対処と粘り強い指導を行いたい。指導にあたっては学級全体と個人指導の両面からの教育が望ましい。

まず学級での指導は、「おはようございます」や「ありがとう」等の日常的な挨拶を、どういう時に、どう使用し、なぜ必要なのかをしっかりと教えたい。これらが日常生活で習慣になるまで、指導を怠らないことが重

序論

解答例から学ぶ

レベルアップ講座

ここがポイント

抽象的な表現は避け具体例を提示しよう

自分の考えを述べる際、具体例を挙げることで、単なる理想論や抽象的表現にならない。

ここがポイント

考えを段階的に提案すると目標が明確になる

具体例を挙げる際、文の構成によって印象が変わる。段階的に、その違いを提示してゆくと、明確に伝わりやすい。

ここがポイント

子どもに配慮した指導プランを提示する

どのような子どもに対しても、常に子どもに寄り添い、気持ちを汲んであげられる指導プランを示すことが大切だ。

ここがポイント

家族や保護者と協力することの大切さを示す

学校教育の場だけでなく、家庭環境の重要性から、家族や保護者の協力を得ることの必要性を説いてまとめたい。

要だ。学校は子どもの社会生活の大半なので、ここで挨拶や言葉遣いをしっかりと実践させることは、人間形成の上でも学校教育の上でも大切なことだと思う。また、学校全体としても、毎日、町で会う人、例えば改札の駅員や交番の警官等にも、気軽に挨拶ができる子どもを育成することが望ましい。学校だけのルールにしないで、日常習慣にすることが大切なのだ。

個別指導では、問題のある子どもと、常日頃から「自然な会話」の機会を多く持つようにする。無口だったり内向的な子どもへの対応は難しいが、相手の反応を強要せず、粘り強く地道に言葉をかけていくことが必要だ。その際、返答がないからといって失望の色を表すなど、子どもに精神的負担をかけるようなことは避ける。あくまでも「自然な会話」で、子どもの側から言葉が出てくるのを待つ忍耐力や根気強さが必要だ。

挨拶ができるようになった段階で、こちらの言葉に回答する会話形式だけでなく、会話が続く対話形式になる話し方に移行させていく。具体的には、「はい」や「いいえ」では回答しきれない話題に移していくのである。

最後に、生活習慣は家庭環境も大きく影響するので、保護者との協力体制による教育指導を忘れないことが肝要であると、まとめたい。

結論　本論

ここで差がつく
構成を見直してみよう

序論　**指導について大切だと感じていることを示す**
→抽象的な表現や理想論だけではなく、具体例を挙げることが重要。

本論　**段階的に提示することで伝わりやすくなる**
→単に羅列するのではなく、段階的に、また、それぞれの違いを明確に示す。

結論　**具体例から導き出した最終的な案を提示する**
→自分の考えや具体的な例から導いた最終的な案をはっきりと提示してまとめる。

応用
例題で練習しよう

生徒を指導する上で重要なこととは／指導の先に何があるか／学校での指導と家庭における指導の違い／間違った指導のやり方とは／指導といじめ問題の関連性について

テーマ「体験学習の指導について、あなたの考えを述べよ」

悪い例

❶こんなことから書き出すのはおこがましいかもしれないが、私が小型の鉛筆削りを使っていると、普段あまり話しかけない父が、「今の子はナイフで鉛筆も削れないのか？　父さんが子どもの頃は、ナイフを使ってたんだ」と言うと、文机から刃渡り七センチほどのナイフを出してきて、「ちょっと貸してみなさい」と言う。渡すと一分ほどできれいな円錐形に削ってくれた。よく学校で問題が起きなかったものだと心配すると、❷父によれば日常的に使っているとケガをすることもあったらしい。それだけに危険性も体で覚えているため、ケンカ等では絶対に使用しなかったらしい。「切ったら痛い、刺さったら痛い」を、当時の子どもは体で覚えることで、

評価

構成	用法・語法	個性
B	C	B

自分独自の体験を引用して、「体験学習」について論じていることは評価できるが、書き方や語法に問題がある。また、自分なりの解決策までしっかりと書いておきたい。

❶論作文に謙虚さは必要ない。へりくだった感じで書く「このようなことを書いて～」「言い過ぎかもしれないが」「長々と書いてしまったが」などはいらない。積極的にアピールしよう。

❷単に伝聞的なことを書くだけでなく、そこから自分が

道具を使うルールを学んだようだ。

私の考えとしては、こうした刃物を、教育の一環としてボランティア活動や、農業を手伝う等の課外活動を通して使用できないか、ということがある。スキやクワ等の農具、あるいはカンナ・キリ・ノミ等の工具は、現在の子どもたちがほとんど触る機会を失ってしまった。刃物の用途と同時に、その危険性に対する自覚がないのも確かだ。

家庭科や技術の授業で包丁やノコギリを使うように、カマやクワが、どういう用途のために生まれた道具なのかを、実際に使ってみて考えさせることも大切な教育である。そうした教育の中から、他人の痛みを理解できる、いじめのない学校が作られていくはずだ。

❸ただ、ひとつの難問は保護者側の理解である。ケガをしないように努めるが、ケガが発生した際の管理責任について、学校側は腹を据えてかからなければならない。多くの道具は使用を誤ると事故にもつながる物であることを理解させる必要がある。

どう考えたのか、明確な理由や結論に至る根拠を書かなくては、説得力は生まれない。

❸最終的には、単に思いを述べるだけでなく、その思いから導き出す具体的な解決策を提示することが大切だ。

良い例

私が小型の鉛筆削りを使っていると、普段あまり話しかけない父が、「今の子はナイフで鉛筆も削れないのか？ 父さんが子どもの頃は、ナイフを使ってたんだ」と言うと、文机から刃渡り七センチほどのナイフを出してきて、「ちょっと貸してみなさい」と言う。渡すと一分ほどできれいな円錐形に削ってくれた。よく学校で問題が起きなかったものだと心配すると、父によれば日常的に使っているとケガをすることもあるが、それだけに危険性も体で覚えているため、ケンカ等では絶対に使用しなかったという。「切ったら痛い、刺さったら痛い」を、当時の子どもは体で覚えることで、道具を使うルールを学んだのだ。

序論

解答例から学ぶ

レベルアップ講座

ここがポイント

独自の体験を盛り込むと独創性が感じられる

具体的な独自の体験を効果的に盛り込むと独創的な文章になり、アピール度が強くなる。

ここがポイント

事実を書くだけでなく考えを明確に提示する

伝聞からでもそのことを書くだけでなく、自分なりの考えを書き添えることが大切だ。

ここがポイント

具体的な指導法と導き出される結果まで書く

体験学習の重要性と共に、どのような指導を行い、どんな結果が導き出せるのかまで書くと、論文の深さが増す。

ここがポイント

保護者や地域社会との連携についても触れる

問題解決のための取り組み方を広く捉え、保護者や地域の人々との連携を促すことを提示することで、この問題への意識の高さをアピールできる。

私の考えとしては、こうした刃物を、教育の一環としてボランティア活動や、農業を手伝う等の課外活動を通して使用できないか、ということがある。スキやクワ等の農具、あるいはカンナ・キリ・ノミ等の工具は、現在の子どもたちがほとんど触る機会を失ってしまった。刃物の用途と同時に、その危険性に対する自覚がないのも確かだ。

家庭科や技術の授業で包丁やノコギリを使うように、カマやクワが、どういう用途のために生まれた道具なのかを、実際に使ってみて考えさせることも大切な教育である。そうした教育の中から、他人の痛みを理解できる、いじめのない学校が作られていくはずだ。ただ、ひとつの難問は保護者側の理解である。ケガをしないように努めるが、ケガが発生した際の管理責任について、学校側は腹を据えてかからなければならない。

その上で、重要なのは、子どもたちに道具を使うことの責任を自覚させることである。多くの道具は使用を誤ると事故にもつながる物であることを理解させる必要がある。それを実現させるためには、学校だけでなく、保護者や地域社会と連携をとり、それぞれが協力し、理解し合う中で伝えていくことが重要だ。

本論　結論

ここで差がつく
構成を見直してみよう

序論　**自ら経験した体験学習の具体例を示す**
↓自身が体験した具体例と、そこで得たものを提示する。

本論　**思いや考え方と共に具体的な案を提言する**
↓結論を導き出すために自ら考えた、独創的、かつ具体的な体験学習のやり方を明確に提言する。

結論　**自分が最も重要だと考えることと解決策を結論として提示する**
↓本論の具体案について問題点も示しながら、自分が最も重要だと考えることと、そのために何をすべきかを結論としてまとめる。

応用
例題で練習しよう

体験学習の種類について／体験学習から得るものは／学年による体験学習の違いは何か

第6章

実践問題

第1章～第5章までをふまえて、実際に小論文を書いてみましょう。本章では、第4章で示したプロセスを導くヒントが示されています。

課題 1

「私の学生時代」

ブレインストーミング

学生時代を振り返って思うことは？

学生時代にどのような経験をしたか？

学生時代の経験から、何を得たのか？

学生時代の経験を、どのように教育に活かすか？

MEMO

何を中心に書くか？

書き出しをどうするか？

どんなことを訴えるか？

文章構成をどうするか？

序論：

本論：

結論：

模範解答

私は小さいころから本を読むことが好きで、大学でも文学部に入った。私の入った大学は、一年次からゼミ形式の授業をしている特殊な大学だった。なにげなく選んだゼミは、一年次のときに一年間で四十～五十冊の小説を取り上げ、それを討論する形で学習するという大変なものだった。以前の読書では本に書き込み等しなかったが、ゼミに入ってからは、一冊の本が真っ赤になるほど傍線や書き込みをするようになった。三年次には正式なゼミが始まった。一つは先述した一年に四十～五十冊の本を読み込むという非常に大変なゼミ、もう一つは、一人の作家をじっくり一冊読んでいくという非常に楽なゼミの、二つのゼミを選択することが可能だったが、私は、本を読む面白さを再発見させてくれた、大変なほうのゼミを選んだ。

ゼミは、教授が全体的な軌道修正等をするものの、学生が主導となった

序論

解答例から学ぶ

レベルアップ講座

ここがポイント　ブレインストーミング

❶ 学生時代を振り返って思うことは？

❷ 学生時代にどのような経験をしたか？

❸ 学生時代の経験から、何を得たのか？

❹ 学生時代の経験を、どのように教育に活かすか？

ここで差がつく　構成を見直してみよう

何を中心に書くか？

→学生時代に自分が経験したことを具体的に書くと共に、そこから得たことをしっかり伝えよう。

書き出しをどうするか？

→学生時代のことをただ単に書き出すのではなく、自分が伝えたいことにつながるようなエピソードから書き出すと、構成的にもうまく進められる。

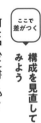

討論型のものであった。教授との攻防戦となる場合も多々あったが、やはり教授の豊富な知識にはかなわないと思い知らされた。何より、教授が楽しんで討論していることが伝わってきて、いつも授業は活気があった。こうした教授の熱心な指導に触れて、今度は私が子どもたちに、本に書かれている知識について教え、本を読む面白さを伝えたいと思うようになり、教職への思いを強くしていった。

学生生活で、学ぶこと、知識を得ることの喜びを知ることができたことは、非常に大きかった。大学に入るまでは学ぶことを楽しいと思ったことはなかったが、ゼミで過ごす中で学ぶ楽しさを身をもって知り、学ぶ楽しさを味わわせるには、教師の能力や資質がものをいうということを実感させられた。私は、この学生時代の経験を活かし、子どもたちが楽しいと思える授業を展開していきたい。活字離れが問題となっているが、私のように本を読むことが好きだという子どもが一人でも増えたら、これに勝る喜びはない。

本論　結論

どんなことを訴えるか?
→この場合は、子どもたちが楽しく学んでいける環境作りと読書のことを結びつけているが、自分が教師としてこうしたいということを確実に伝えられることが大切だ。

文章構成をどうするか?
→自分自身の具体的な経験を書いてから、そこで学んだことや自分がこうしたいと思ったことにつなげ、最後に結論として、それらによって自分が知り、考えた、理想とする授業の在り方でまとめる。

ブレインストーミング

どのような学校生活を送ってきたか？

どのような教師に接してきたか？

学校教育の現状についてどう思うか？

学校教育はどうあるべきだと思うか？

教師はどうあるべきだと思うか？

何を中心に書くか？

書き出しをどうするか？

どんなことを訴えるか？

文章構成をどうするか？

序論：

本論：

結論：

模範解答

私が学んだのは田舎の小学校だったせいか、成績に対して両親も教師もさほどうるさくなく、学習レベルとしても高いものが要求されていたわけではなかった。物質的に満たされた生活ではなかったが、山や川の自然だけは豊かな環境に育ったせいもあって、何事にものんびりとした小学校時代を過ごしてきた。今から考えると、恵まれた環境の中で、興味のおもむくまま学習していたように思う。町の人口の半数近くが農業と林業関連の仕事で生活していたため、博物学的な知識や、植物が木材として加工され製品化される行程を日常的に見て育ったので、自然と人間の生活のつながりも理解していた。都市の子どもには信じられないだろうが、医者の子どもでもない限り受験のことは一切考えなかったし、普通の学力さえあれば、学区内の高校へ持ち上がり式にあがるのが当たり前であった。

序論

解答例から学ぶ

レベルアップ講座

ここがポイント　ブレインストーミング

❶どのような学校生活を送ってきたか?
❷どのような教師に接してきたか?
❸学校教育の現状についてどう思うか?
❹学校教育はどうあるべきだと思うか?
❺教師はどうあるべきだと思うか?

ここで差がつく　構成を見直してみよう

何を中心に書くか?
→自分が実際に過ごした学校生活の環境や、その中で接した教師の行動などから考えた、自分が理想とする教育環境や教師像について述べよう。

書き出しをどうするか?
→自分自身が学び、そこから教師を目指した環境を、創作ではなく、正直に書き始こうした環境の中で、教師は、勉強の成績以上に道徳的な物事の善し悪しに厳しかった。掃除等の役割分担をこなすこと、提出物の締め切りや約束はけじめとして守り、遅れた場合はハンディキャップを課すこと、ものを粗末にしないことを厳しく指導された。特に、食べ物を残すのはよいとしても、ごみ箱に捨てるようなときには厳しく叱責された。学業達成のための試験では、二度三度の追試を行い「落ちこぼれ」だけはなくす努力を怠らないことが、小・中学校までは徹底していた。

他人の教育環境と比較して自分の育った環境がどういうものか、よくわからないのだが、現在の教育界の問題を考えるときに、私の受けた学校教育は一つの理想の形であったのではないかと思うようになった。私の受けた学校教育の基本にあったのは、子どもの主体性を尊重し、倫理規範を持った責任感の強い子どもを育成することであった。さらに、教師はその目標を達成するために、努力を惜しまなかった。私もまた、このような学校教育と教師像を理想とする。

本論　結論

めることが大切だ。そのことで自分の思いがリアルに伝わるようになる。

どんなことを訴えるか?

→大事なのは、自分の具体的な経験によって学んだ、理想とする学校教育の在り方や教師像がはっきり伝わることだ。ここでは、子どもが主体性や倫理規範を持ち、責任感の強い子どもに育つということや、そのための教師像がしっかりと書かれ、思いが訴えられている。

文章構成をどうするか?

→自分が学んだ環境の具体的な描写から、そこで接した教師像を描き、そこから自身が学び、目指すことにした理想の教育環境や教師像の結論へとつなげる。

課題 3

「社会のルールと個人の自由」

ブレインストーミング

社会のルールとは、どのようなことか？

個人の自由とは、どのようなことか？

社会のルールと個人の自由は、どのような関係にあるか？

社会のルールと個人の自由では、どちらかを優先するべきか？

社会のルールと個人の自由は、両立することができるか？

MEMO

何を中心に書くか？

書き出しをどうするか？

どんなことを訴えるか？

文章構成をどうするか？

序論：

本論：

結論：

模範解答

日本国憲法の第十三条には「すべて国民は、個人として尊重される」とあり、国民は個人の自由を追求する権利があると明記されている。しかし、この条文には「公共の福祉に反しない限り」という但し書きがつく。つまり、個人の自由を追求する場合には、社会全体の利益を考慮に入れる必要があるということである。

個人の自由を追求するのは、すべての国民に与えられた権利である。同時に、社会のルールを守ることは秩序を守る上で重要な義務でもある。だれもが自由を盾に勝手気ままに行動したのでは、社会の秩序が乱れ、社会全体の不利益になる。権利を主張するには義務を果たす必要があり、義務を果たさない者は権利を主張することができない。

しかし、権利を主張することと、義務を果たすことが一致すればよいの

序論

解答例から学ぶ

レベルアップ講座

ここがポイント **ブレインストーミング**

❶社会のルールとは、どのようなことか？

❷個人の自由とは、どのようなことか？

❸社会のルールと個人の自由は、どのような関係にあるか？

❹社会のルールと個人の自由では、どちらかを優先するべきか？

❹社会のルールと個人の自由は、両立することができるか？

ここで差がつく **構成を見直してみよう**

何を中心に書くか？

→社会のルールを守ることの重要性と、国民の権利である個人の自由を追求するにあたって必要なこと。

書き出しをどうするか？

→日本国憲法での「個人の自由」に関する考えを説明し、

だが、一致しない場合もある。例えば横断歩道を渡りたいと考えていても、赤信号であれば渡ってはいけない。何をするのも個人の自由だといって、社会のルールを破って赤信号で渡れば、混乱を引き起こす可能性がある。この場合、信号を守るという義務を果たすことで道路を安全に渡れるという権利が保障されることになり、利害は一致している。しかし、まったく車も人も通らないような道で、赤信号では道路を渡らないのが社会のルールだからといって、何時間も待っている必要があるのかといえば、私はないと思う。なぜなら、信号そのものが壊れている可能性もあるからだ。

　個人の自由を保障するためにも、社会のルールを守ることは必要なことである。現在、自由を追求する権利だけを主張して、社会のルールを守らない人間が多いように感じるが、権利には義務が伴うことを忘れてはいけない。しかし、社会のルールそのものに懐疑的な目を向ける姿勢も、時には必要であると私は考える。そのように、一人ひとりが個人の自由と社会のルールの関係について深く考察していくことが、より良い社会をつくることにつながるのだと思う。

本論　結論

自分の考えにつなげていく。

どんなことを訴えるか?

→国民の権利である個人の自由を追求することや保障することにしても、社会のルールを守ることが必要かつ大切で、それが、よりよい社会をつくることにつながる。

文章構成をどうするか?

→最初に、日本国憲法における個人の自由の定義を述べ、国民の権利として保障されていることを伝える。ただし、そこにも社会のルールがあるということ、そして、社会のルールに対する自分なりの考えを述べながら、個人の自由との関わり方についてまとめる。

課題 4
「国際化社会の日本人」

ブレインストーミング

国際化社会とはどのような社会か？

国際化社会でどのようなことが問題となるのか？

国際化社会では、どのような日本人のあり方が求められているのか？

国際化社会において、教師として何をすべきか？

何を中心に書くか？

書き出しをどうするか？

どんなことを訴えるか？

文章構成をどうするか？

序論：

本論：

結論：

模範解答

ホームステイや交換留学によって海外の異文化の中で生活し、学ぶことで、その国の国民性を深く知るだけでなく、比較文化としての眼が養われ、今まで気づかなかった日本文化の特異性がよく理解されてくるものである。海外の一般家庭で生活する場合、ベッドの枕元に新約聖書が置かれ、聖書を読むことを勧められることがある。このように、海外では、どのような態度をとれば相手に対して失礼にあたらないか、迷うような場面が数多く存在する。

　海外では、自分の宗教を語れないと、人間として未熟なものとして評価されることがある。宗教は深く文化に根ざしているものなので、日本の宗教について知っておく必要がある。日本では、神道と仏教の二つが生活の中に溶け込んで、宗教団体を離れたものとして信仰されている。多神教の

序論　本論

解答例から学ぶ

レベルアップ講座

ここがポイント　ブレインストーミング

❶国際化社会とはどのような社会か？
❷国際化社会でどのようなことが問題となるのか？
❸国際化社会では、どのような日本人のあり方が求められているのか？
❹国際化社会において、教師として何をすべきか？

ここで差がつく　構成を見直してみよう

何を中心に書くか？
→国際化社会の中での日本人の在り方、さらに、そのために必要な教育の推し進め方について述べる。

書き出しをどうするか？
→国際化社会と言われている中で日本人が接する具体的なエピソードから書き始めるのがよいが、社会一般的なニュースのようなことではなく、教育に関わる

汎神論であり、生活道徳のうえでは中国からの儒教が基本となっていると説明すれば、相手からも理解されるに違いない。

日本の教育では特定の宗教について教えることがタブー視される傾向があるが、国際化が進む現在、日本の教育も変わっていかなければならない。また、日本独自の伝統文化に対しても、知識だけでなく体験を通した教育を進めなければ、日本の文化について何も語れず、経済力だけの国だと思われてしまう恐れがある。そのため、学校教育の中での伝統文化の学習を強化する必要が出てくる。マルチメディア教育等も推し進められている近年、映像による教育を実施して、海外を知ると同時に、海外から見た日本文化について知る姿勢がなければ、国際社会の中で取り残されてしまう。ホームステイも交換留学も、こうした海外からの眼で日本を知る契機となり、そこからまた、日本を誇りとする子どもたちが育っていくのではないかと考える。国際化社会が進展する中、私は教師として、日本を愛し、国際的な視点を持って世界の人々と接することのできる子どもを育成していきたいと思っている。

結論

ホームステイや留学で経験するエピソードから書き出すことで、教師を目指す者としてのリアルな感じを、より伝えやすくなる。

どんなことを訴えるか?

→ここでは宗教もひとつの例として挙げているが、国際化社会の中で、日本の文化について広く理解を深めること。そして、国際的な視点で、日本を愛し、日本を誇りとしながら世界の人々と接する子どもたちを育成する教育の在り方について訴える。

文章構成をどうするか?

→教育に関わる国際交流の場での具体的なエピソードから、国際化社会の中での日本人の在り方や実際の対応などについてつなげ、結論として、学校教育の中ではどのようにしていくことが望ましいか、そして、そこに自分がどう関わりたいかという話でまとめる。

「教育をめぐる問題」

ブレインストーミング

どのような問題を取り上げるか？

問題について何を知っているか？

問題解決のためには、どうすべきか？

問題解決のために、教師としてどうすべきか？

MEMO

何を中心に書くか？

書き出しをどうするか？

どんなことを訴えるか？

文章構成をどうするか？

序論：

本論：

結論：

模範解答

序論

私が教育をめぐる問題の中で一番深刻だと思うのは、「いじめ」の問題である。「いじめ」を防止するには、まず「いじめ」を発見しなければならない。いじめられている生徒も、いじめを見ている生徒も、ほとんど教師に訴えかけない。これは、教師への通報が周囲にわかった場合、次の「いじめ」の対象とされることを恐れているからである。現代の「いじめ」は、学校教育に対するストレスが、暴力否定と非行防止の両方からその発散を封じられ、陰湿な形で転化したものといえる。また、多くの「いじめ」で、明らかな理由がないということが特徴として挙げられる。

本論

残念で恐ろしい話だが、「いじめ」は、どこの学校にも存在すると考えられる。自己主張の強い、意志のしっかりした生徒のほかは、すべて「いじめ」の対象になる可能性がある。一見「平和な学校」であっても、周囲

解答例から学ぶ

レベルアップ講座

ここがポイント

ブレインストーミング

❶どのような問題を取り上げるか?
❷問題について何を知っているか?
❸問題解決のためには、どうすべきか?
❹問題解決のために、教師としてどうすべきか?

ここで差がつく

構成を見直してみよう

何を中心に書くか?

→教育をめぐる問題の中で、自分が一番深刻だと思う「いじめ」の問題を取り上げ、教師としてどう対応するか、その在り方や責任、するべき行動について述べる。

書き出しをどうするか?

→「いじめ」について、教師としては、もちろん、まだ直接は知らないだろうが、自分の思いや考え、あるいは自分が経験したことなど

からそう見られているために、かえって子どもたちがストレスを溜め、それが内向した形で生まれてくることもある。その責任は、教育の現場の教師が背負わなければならない。しかし、やはり悪いことは悪いとして、子どもたちの「いじめ」を生み出す気質を告発していかなければならない。

また、担任教師は、「いじめ」等の問題があった場合はとにかく伝えてほしいと指導することが重要である。「いじめ」の発生を防ぐには、生徒との交流を深め信頼される教師になること、繰り返し「いじめ」の非人間性を訴えること、常にクラスの空気を感じ取り、周囲から浮いている子どもや影の薄い子どもがいないか気をつけること、この三点を日常的に励行することである。そのうえで「いじめ」が生まれた場合は、潔く教師として連帯責任をとる必要がある。クラス内だけで処理しないで学校の問題として公にし、生徒たちに「罪悪」として反省を促すという対応は、いちばんつらく厳しく大変だが、教師の責任でもあり、最も望まれる態度と私は考える。

結論

を初めに強く提示することで、問題の重要性を伝えることができる。

どんなことを訴えるか？

→「いじめ」はいろいろ難しい問題も含んでいるが、「悪いことは悪い」という毅然とした態度や思いを示し、防ぐためにはどうしたらいいか、自分なりの考え方と教師の対応力の大切さを訴える。

文章構成をどうするか？

→教育の現場で長年問題になり、自分が一番深刻だと考えている「いじめ」について、自分の率直な思いや考え方から書き出し、それに対する自分の対応の仕方、そして、防ぐための方法や教師の対応のやり方などを提示してまとめる。

編集協力　小松杏里
装幀・デザイン　鈴木明子（saut）
イラスト　わたなべじゅんじ
DTP　株式会社　エヌ・オフィス
監修協力　佐々木丈裕（内定スタート面接塾塾長）

出題傾向と模範解答でよくわかる！
教員採用試験のための論作文術 改訂版

編　者　つちや書店編集部
発行者　佐藤 秀
発行所　株式会社 つちや書店
〒113-0023　東京都文京区向丘1-8-13
電話　03-3816-2071　FAX 03-3816-2072
HP　http://tsuchiyashoten.co.jp
E-mail　info@tsuchiyashoten.co.jp
印刷・製本　日経印刷株式会社

落丁・乱丁は当社にてお取替えいたします。

2401-1-1